»Sie gehen und werden nicht matt«

(Jes 40,31)

Paul M. Zulehner
Anna Hennersperger

»Sie gehen und werden nicht matt«

(Jes 40,31)

Priester in heutiger Kultur

Ergebnisse der Studie **PRIESTER 2000**[©]

Schwabenverlag

2. Auflage 2001

Alle Rechte vorbehalten
© 2001 Schwabenverlag AG, Ostfildern
www.schwabenverlag.de

Umschlaggestaltung: Wolfgang Sailer, Oberboihingen
Coverzeichnungen und S. 150: © Sieger Köder
Layout: Walter Häberle, Esslingen
Satz: Schwabenverlag media gmbh, Ostfildern
Herstellung: Clausen & Bosse GmbH, Leck
Printed in Germany

ISBN 3-7966-1026-9

Inhalt

(K)ein Trostbuch

»Weißt du es nicht, hörst du es nicht? Der Herr ist ein ewiger Gott, der die weite Erde erschuf. Er wird nicht müde und matt, unergründlich ist seine Einsicht.
Er gibt dem Müden Kraft, dem Kraftlosen verleiht er große Stärke.
Die Jungen werden müde und matt, junge Männer stolpern und stürzen.
Die aber, die dem Herrn vertrauen, schöpfen neue Kraft, sie bekommen Flügel wie Adler. Sie laufen und werden nicht müde, sie gehen und werden nicht matt.« (Jes 40,28–31).

»Den Priestern geht es schlecht.« Das kann man allenthalben hören. Immer weniger von ihnen haben immer mehr Arbeit. In unseren Kirchenbreiten schrumpft ihre Zahl, während die Größe der zugewiesenen Seelsorgebereiche wächst.

Man könnte meinen, all das mache die Priester ihres Berufs überdrüssig, krank oder zumindest müde und matt.

Fragt man aber Priester danach, wie wir es im Jahr 2000 gemacht haben, ob sie mit ihrem Beruf zufrieden sind, stimmt der Großteil zu. Priester sind trotz aller Belastungen und Mehrarbeit eine erstaunlich zufriedene Berufsgruppe. Noch mehr: Wenn sie sich noch einmal entscheiden könnten, würden die meisten wieder diesen Beruf ergreifen. Und fragt sie ein junger Mensch, ob er Priester werden soll, würden nur ganz wenige abraten.

Solch gute Zahlen können aber nicht darüber hinwegtäuschen, dass Priester bei uns in bewegter Zeit und in einer unruhigen Kirche leben und arbeiten. Das fordert viele heraus. Sie müssen unablässig weiterlernen und an sich selbst arbeiten. Kluge Selbstentwicklung steht an.

Priestern dabei fundierte Unterstützung zu geben, ist das Hauptanliegen unserer Studie und dieses Buches. Dazu werden Dienst und Leben der Priester ausgeleuchtet. Jenen, die Priester sind, wird ein Spiegel vorgehalten, um bei der Selbsterkenntnis behilflich zu sein (daher ein vorsichtiger Selbsttest gleich zu Beginn). Es wird ihnen auch die Möglichkeit eröffnet, die eigenen Stärken aufzudecken und zu fördern. Zudem wird darum geworben, in die Schule der anderen zu gehen. Forschungsergebnisse werden spielerisch präsentiert – und das ohne jegliche Zahlen.[1]

Dieses Buch ist zudem für jene verfasst, die ein wohlwollendes Interesse an Priestern haben oder mit ihnen haupt- oder ehrenamtlich zusammenarbeiten.

An den Priestern als religiöser Elite kann abgelesen werden, was mit christlichem Glauben im Modernisierungsstress geschehen kann. So zeigt sich, dass die

---

1 Solche kann man in Mengen im Forschungsbericht Zulehner, Paul M.: Priester im Modernisierungsstress, Ostfildern 2002, Schwabenverlag, nachschlagen.

Priester als Männer des Evangeliums zu jener Personengruppe im Land gehören, die ein Höchstmaß an Solidarität mit den Armgemachten in sich tragen. Gottesliebe verdichtet sich in Nächstenliebe. Vielleicht ist diese Gottes- und Menschennähe – je unterschiedlich akzentuiert – die Hauptstärke der Priester in einer Zeit, in der weniger »zwingende Argumente« zählen, sondern das gelebte Zeugnis der Person.

Wien, Christi Himmelfahrt 2001

Paul M. Zulehner und *Anna Hennersperger*

Die Umfrage

Eine Menge guter Gründe sprachen für eine Umfrage unter den Priestern. Die AfkS, die Arbeitsstelle für kirchliche Sozialforschung in Wien, hat sie im Jahr 2000 durchgeführt. Ihr gingen mehrere Jahre intensiver Vorbereitung[2] voraus.

Untersuchungsbedarf

Seit 1971 sind in Europa keine größeren Priesterstudien durchgeführt worden.[3] Das verwundert insofern,

---

2   Zur Vorbereitung wurden 51 qualitative Interviews mit Priestern gemacht. Das Material füllt über 1200 Seiten. Seine Auswertung führte zu einer Reihe von Hypothesen über Dienst und Leben heutiger Priester. Im Zusammenspiel mit den vorliegenden Priesterumfragen seit dem Zweiten Vatikanischen Konzil (siehe nächste Fußnote) wurden diese Hypothesen operationalisiert, also in Fragen umgemünzt. Der so erarbeitete Fragebogen wurde bei vielen Priestern vorgetestet. In einer intensiven Sitzung wurde er mit Verantwortlichen aus den an der Umfrage beteiligten Diözesen überarbeitet, kirchenpolitisch abgesegnet und dann schließlich eingesetzt.

3   Eine erste Umfrage an Priestern war in den USA gemacht worden (Fichter, Joseph: Americas forgotten Priests – What they are saying, New York 1968). Es folgten sodann Umfragen in Europa: Schmidtchen, Gerhard: Priester in Deutschland. Forschungsbericht über die im Auftrag der Deutschen Bischofskonferenz durchgeführte Umfrage unter allen Welt- und Ordenspriestern, Freiburg 1973. – Müller, Alois: Priester – Randfigur der Gesellschaft? Befund und Deutung der Schweizer Priesterumfrage, Zürich 1974. – Kirche und Priester zwischen dem Auftrag Jesu und den Erwartungen der Menschen, hg. v. Zulehner, Paul M., Wien 1974. – Weitere Studien gab es in Spanien, Italien, Lateinamerika, Afrika.

als sich in Dienst und Leben von Priestern in den Jahren nach dem Zweiten Vatikanischen Konzil erhebliche Veränderungen ereignet haben:

- Die Priester mussten verstärkt lernen, mit Laien (im pastoralen Hauptberuf) zusammenzuarbeiten.
- Sie hatten sich an die Mitgestaltung des kirchlichen Lebens durch synodale Laiengremien zu gewöhnen.
- Der (west)europäische Priestermangel[4] bringt bei gleichbleibender oder steigender pastoraler Aktivität eine hohe Belastung der Priester mit sich.
- Der Mangel an »Priestern in Ruf- und Reichweite« hat zu einer deutlichen Verlagerung der beruflichen Schwerpunkte bei vielen Priestern geführt: Ständiges Umlernen in großem Ausmaß wurde einer zudem überalterten Priesterschaft zugemutet.
- Haupt- und manchmal auch nebenamtlichen Laien werden wegen des Pfarrermangels Aufgaben übertragen, die bislang von Priestern wahrgenommen wurden und gewohnheitsmäßig als »presbyteral« gelten. Dies sind zum Beispiel die Gemeindeleitung, die Eheassistenz oder die Taufspendung. Laien ohne Weihe tun vielfach das Gleiche wie Priester. Auch das verunsichert nicht wenige Priester wie Priesteramtskandidaten hinsichtlich ihres priesterlichen Dienstes wie auch in Bezug auf die Ehelosigkeit.

---

4   Kerkhofs, Jan/Zulehner, Paul M.: Europa ohne Priester, Düsseldorf 1995.

- Der priesterliche Zölibat wird von verschiedenen Seiten her angefragt. Auf der einen Seite werden gegen ihn »Freiheitsargumente« erhoben – in einer modernen Kultur gehöre es zum Selbstbestimmungsrecht aller, also auch von Priestern, ihre Lebensform selbst zu wählen; auf der anderen Seite nimmt die Forderung zu, die Eucharistiefähigkeit gläubiger Gemeinden durch Öffnung der Zugangswege zum Priesteramt zu sichern. Dazu kommt eine kulturelle Grundstimmung, die eine neuartige Gewichtung und Kultivierung der Sexualität begünstigt, die selbst einer »frei« gewählten Ehelosigkeit sowohl in der medialen wie in der kirchlichen Öffentlichkeit die Unterstützung entzieht. Ehelosigkeit um des Himmelreiches willen wird trotz des zunehmenden Trends zum Singledasein als antiquiert und überholt betrachtet. Ehelose Priester sind eine Art »schützenswerter Minderheit« in Gesellschaft und Kirche geworden.
- Das priesterliche Amt wird (nicht nur) von Kirchenfrauen hinsichtlich seiner Gestalt(ung), aber auch in Bezug auf den Zugang von Frauen zu ihm in Frage gestellt; andere christliche Kirchen haben dazu Entscheidungen getroffen, welche die katholische Kirche nicht unberührt lassen.
- Dazu kommt nicht zuletzt auch der rapide Wandel der religiös-kirchlichen Dimension moderner Kulturen. Einerseits ist von einer tiefen Gotteskrise und von ihr mitgespeist einer drastischen Kirchenkrise die Rede, wobei allerdings die Kirchenkrise – zumal in einzelnen Ortskirchen – zum Teil

von der Kirche selbst verschuldet ist.[5] Andererseits diagnostizieren gleichzeitig Trendforscher einen Megatrend der »Respiritualisierung«[6], der aber kirchlich bislang noch nicht zu Buche schlägt.

Beteiligung

Auf diesem Hintergrund wurde der Fragebogen für die Umfrage **PRIESTER 2000**© entworfen. Priesterräte, deren Aufgabe es ist, Dienst und Leben der Priester einer Diözese aufmerksam zu beobachten und zu fördern, wurden beworben, sich an der Umfrage zu beteiligen und eine solche Beteiligung mit ihrem Diözesanbischof abzumachen. So konnten in fünf europäischen Ländern (Österreich, Deutschland, Schweiz, Kroatien, Polen) eine Reihe von Diözesen gewonnen werden.[7]

Befragt wurden auch Priesteramtskandidaten aus Deutschland und Österreich. In dieser zusätzlichen Befragung wurden einige Aussagen umformuliert: Die Priesteramtskandidaten sollten einerseits zum Ausdruck bringen, wie sie sich später als Priester verhal-

---

5 Siehe dazu das Grundlagendokument, das im Auftrag der Österreichischen Bischöfe bei einer Fachtagung in Gösing 1998 anlässlich der »Wallfahrt der Vielfalt« von Heizer, Körner, Metz, Sandgruber, Wiedenhofer und Zulehner erarbeitet worden war. Dokumentiert ist dieser Text in: Zulehner, Paul M.: Für Kirchenliebhaber*innen*. Und solche, die es werden wollen, Ostfildern ³2000, 38-53.

6 Matthias Horx: Megatrends der späten neunziger Jahre, Düsseldorf 1995.

7 Beteiligt haben sich die Diözesen Djakovo, Eisenstadt, Elk, Erfurt, Graz, Innsbruck, Limburg, Linz, Magdeburg, Opeln, Paderborn, Passau, Salzburg, St. Gallen, Wien, Zagreb.

ten möchten, andererseits wurde danach gefragt, wie sie die im Dienst befindlichen Priester wahrnehmen.

Von großem Wert ist, dass sich sowohl Diözesen aus schon länger freiheitlichen Ländern wie auch Diözesen aus dem ehemaligen kommunistischen Machtbereich und den nunmehrigen jungen Reformdemokratien (Kroatien, Deutschland-Ost, Polen) beteiligt haben.

Eine Reihe von angefragten Diözesen hat eine Beteiligung am Forschungsprojekt abgelehnt. Die dafür gegebenen Begründungen sind selbst noch einmal ein aufschlussreiches Forschungsergebnis. Sie zeigen einerseits, wie ein Teil der Kirchenverantwortlichen zu sozialwissenschaftlicher Forschung steht: skeptisch bis ablehnend. Andererseits werden bedenkliche Ängste und auch Fehleinschätzungen erkennbar.

Die Ablehnung kam nur ganz selten aus den Priesterräten, eher schon aus einem Domkapitel oder von Ortsbischöfen selbst. Zu hören waren Sätze wie:*»Ich kenne doch meine Priester persönlich gut genug und brauche keine Umfrage.« – »Wir wissen ohnehin, dass es den Priestern schlecht geht.« – »Was die Priester brauchen, sind nicht Umfragen, sondern Spiritualität.«*

Ansicht der Befragten

Anders als solche ängstliche Stellen aus der Kirchenleitung reagierten die Befragten selbst. Sie haben mit hoher Mehrheit gern geantwortet und den Fragebogen zwar umfangreich, aber interessant gefunden.

Das Interesse der Antwortenden an der Umfrage zeigt sich auch daran, dass fast alle über die Ergebnisse der Umfrage informiert werden möchten. Auch wünschen die befragten Priester, die Ergebnisse der Befragung sollten in den Priesterräten/Seminarleiterkonferenzen besprochen werden.

Die Beteiligten

Den Priestern war von der AfkS volle Anonymität zugesichert. Die eingegangenen Fragebögen wurden elektronisch eingelesen.

Die Beteiligung der Priester an der Umfrage war von Diözese zu Diözese etwas unterschiedlich, für eine schriftliche Befragung aber sensationell: Fast die Hälfte der ausgesandten Fragebögen mit 84 komplexen Fragen zu Dienst und Leben der Priester kam zurück.[8] Der Vergleich der Altersstruktur der Antwortenden mit der Altersstruktur des Klerus der befragten Diözesen zeigt, dass es eine sehr gute Streuung der rückgesandten Bögen über alle Altersgruppen gibt. Wir können somit davon ausgehen, dass die Ergebnisse ein verlässliches Bild der Lage des Lebens und Wirkens von Priestern in wichtigen Ländern Ost- wie Westeuropas wiedergibt.

Beteiligt haben sich Weltpriester wie Ordenspriester im pastoralen Dienst.

Unter den Antwortenden sind Kapläne/Vikare, weiter Religionslehrer, zwei von zehn Priestern haben

---

8   Die Rücklaufquote unter den Priesteramtskandidaten ist etwas niedriger. Sie ist zudem von Seminar zu Seminar sehr unterschiedlich ausgefallen.

zwei, einer von zehn ist für drei und mehr Pfarreien zuständig. Die Befragten arbeiten in unterschiedlichsten Regionen: in Städten, in großen und kleinen Orten oder in Dörfern.

Übersicht

Auf den kommenden Seiten erwarten Sie Ausführungen zu folgenden Teilthemen:

- ein Selbsttest als kleine Erkundung des eigenen Amtsverständnisses (wie ich mich als Priester sehe bzw. wie ich Priester sehe);
- die Erläuterung der vier wichtigsten Amtsverständnisse unter heutigen Priestern und ihre jeweiligen Stärken;
- jene theologischen Entwicklungslinien, die zu den verschiedenen Amtsverständnissen hinführen;
- Aussagen darüber, wie Modernisierung und Amtsbild zusammenspielen;
- Hilfen, die Priester leben lassen – spirituell und menschlich;
- Ergebnisse und Reflexionen zum kirchlich wie gesellschaftlich ungestützten Zölibat;
- kirchenpolitische Themen, zu denen Priester in der Umfrage Stellung beziehen;
- ein »Priesterspiegel« zur gedeihlichen (Selbst-)Entwicklung von Priestern.

Ein Selbsttest

Sie sind ein einfaches Kirchenmitglied. Sie kennen Priester. Oder Sie sind selbst Priester. Sie ahnen, wie Sie selbst als Priester Ihr Amt verstehen. Der folgende Test führt nicht nur in das zentrale Ergebnis der Studie **PRIESTER 2000**© ein. Vielmehr stellt er einen »Spiegel« bereit, um annähernd zu bestimmen, von welcher Art das Bild ist, das Sie selbst vom priesterlichen Amt in sich tragen.

- Für diesen Selbsttest brauchen Sie ein Blatt Papier zum Notieren von fünf Buchstaben.

- Es werden Ihnen einige Aussagen über das Priesteramt vorgelegt.

- Bestimmen Sie, wie Sie selbst zu der jeweiligen Aussage stehen: 1=sehr richtig, 5=ganz falsch. Wichtig: Es wird nicht das gelernte Schulwissen abgefragt, sondern das, was Sie ganz persönlich meinen.

- Dann stellen Sie fest, welcher der eingekreisten Buchstaben im Kreis Ihrem Zahlenwert am nächsten ist.

- Diesen Buchstaben notieren Sie auf Ihrem Blatt Papier.

- Insgesamt werden Sie am Ende des Selbsttests fünf Buchstaben haben.

- Was Ihre Buchstaben bedeuten, erfahren Sie weiter hinten: Lassen Sie sich überraschen!

Das priesterliche Amt beansprucht
das ganze innerste Wesen seines Trägers.

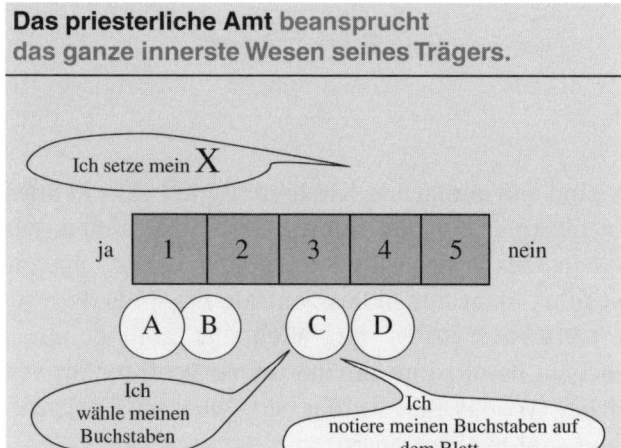

Testbild 1

Das priesterliche Amt
gründet <u>nicht</u> in einer besonderen Weihe.

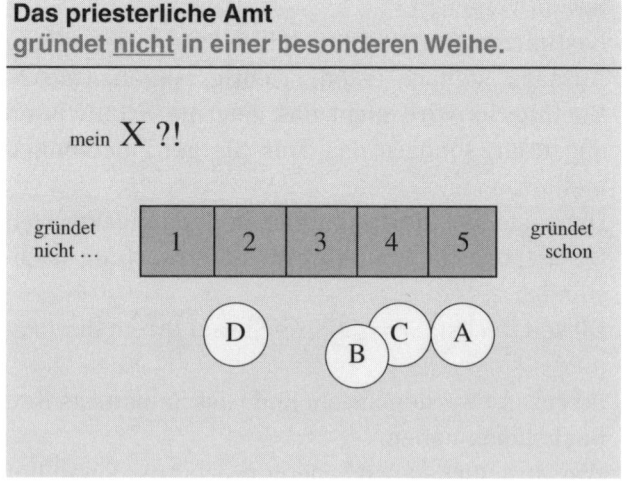

Testbild 2

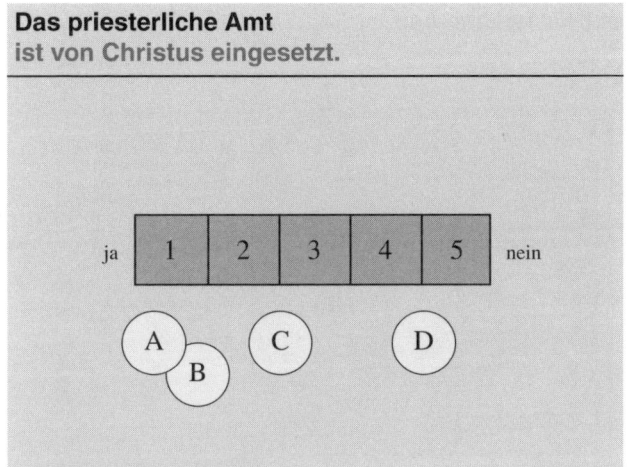

Testbild 3

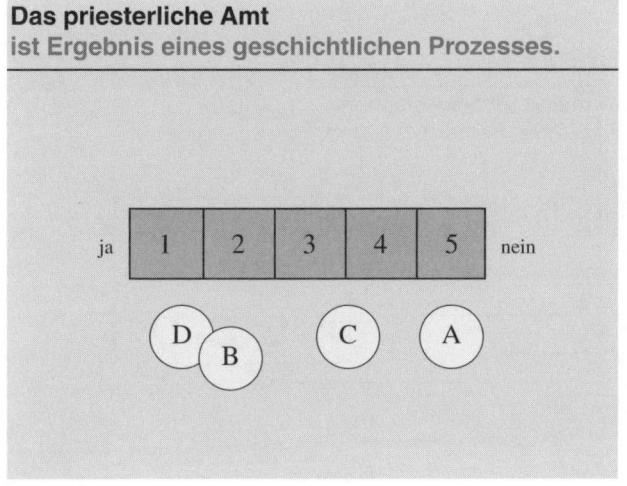

Testbild 4

Das priesterliche Amt ist Repräsentation...

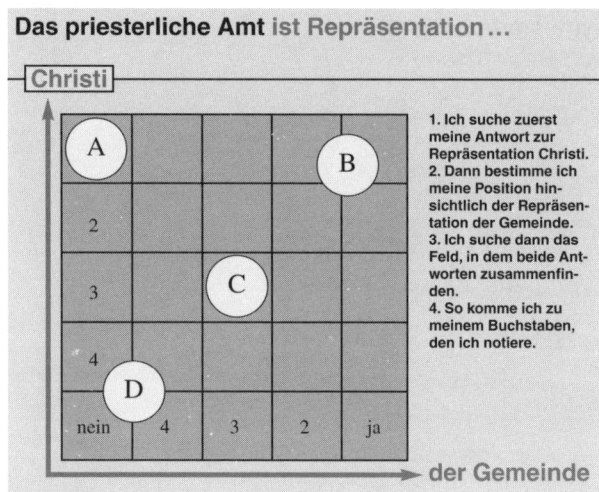

Christi

1. Ich suche zuerst meine Antwort zur Repräsentation Christi.
2. Dann bestimme ich meine Position hinsichtlich der Repräsentation der Gemeinde.
3. Ich suche dann das Feld, in dem beide Antworten zusammenfinden.
4. So komme ich zu meinem Buchstaben, den ich notiere.

der Gemeinde

Testbild 5

meine Einzelpositionen bei den Feldern 1-5 sind:

1 _____

2 _____

3 _____

4 _____

5 _____

meine Durchschnittsposition ist...
(ich kreise sie ein)

A B C D

Testbild 6

Eine bunte Priesterschaft

Alle Priester sagen von sich, dass ihr priesterliches Amt Dienst an der Gemeinde ist. Das ist der kleinste gemeinsame Nenner der Priester in unseren Breiten, in Österreich, in Deutschland-West und Deutschland-Ost, in der Schweiz, in Kroatien, in Polen – überall dort, wo wir die Studie **PRIESTER 2000**© gemacht haben. Auf diesem breiten Boden steht aber ansonsten kein einheitliches Priesterbild. Fragt man Priester, wie sie ihr Amt verstehen, kommen unterschiedliche Antworten. Wahrscheinlich gibt es letztlich so viele Priesterbilder wie Priester.

Die Forschung zeigt uns aber, dass es bei aller individuellen Originalität der einzelnen Priesterpersönlichkeiten Ähnlichkeiten gibt. Manche Merkmale sind für einen bestimmten Priestertyp charakteristisch, eben »typisch«, wie wir auch sagen. Das reiche Forschungsmaterial, erhoben bei fast dreitausend Priestern, erlaubt uns, über solche Priestertypen Auskunft zu geben.

Amtsmosaik

Mit der Vielfalt haben wir es in der katholischen Kirche normaler Weise nicht einfach. Wir bilden Lager unter Gleichen. Von da ist der Weg zur Belagerung nicht mehr weit. Die so genannten Konservativen belagern dann die Progressiven und umgekehrt nicht weniger. Solches könnte sich auch unter Priestern mit ihren verschiedenartigen Amtsauffassungen ereignen.

Das aber ist nicht der einzige Weg, mit Vielfalt zu leben. Man kann es ja auch so denken: Der einzelne Priester trägt nur einen Ausschnitt des Ganzen in sich. Andere haben dann einen anderen Ausschnitt. Und erst zusammen sind sie das Ganze. Das Amtsmosaik entsteht erst aus den einzelnen kleinen Steinchen. Sollten also erst die vielen Priestertypen zusammen ein katholisches Presbyterium ergeben?

Und weiter gesponnen: Die Stärke eines Priesters wäre zugleich seine Gefährdung, einseitig zu werden. Einseitige werden aber dem vielseitigen Leben auch in der Kirche nie gerecht. Wenn jeder nur einen Ausschnitt hat, dann braucht er den anderen. Noch mehr: Dann wäre es geradezu gut, ginge er beim anderen in die Schule. Jeder müsste daher einen Priester in Reichweite haben, der anders ist als er selbst.

Spätestens hier erhebt sich eine spannende Frage: Wie kommt es, dass sich in ein und derselben Kirche, in ein und demselben Land die einen Priester so, andere aber doch deutlich anders verstehen? Dieser Frage wird später nachgegangen. Jetzt gilt es vorzustellen, welche Typen von Priestern es heute gibt.

Das Forschungsinstrument

Um unterschiedliche Amtsbilder abzugrenzen, wurde ein Instrumentar verwendet, das mit Billigung der

Deutschen Bischofskonferenz in der deutschen Priesterstudie 1971 zum Einsatz gekommen war. Schon damals sollte herausgearbeitet werden, wie Priester ihr
Amt verstehen. Dazu wurde eine Reihe von Sätzen
über das priesterliche Amt vorgelegt. Die Priester wurden gefragt, ob sie diesen Aussagen zustimmen oder
ob sie diese ablehnen. Zwischen 1 und 5 konnte abge-
notet werden: eins ist starke Zustimmung, fünf hingegen völlige Ablehnung. Das sind die einzelnen Test-
sätze:

Das priesterliche Amt ...
- ist Repräsentation der Gemeinde
- ist Repräsentation Christi
- ist Dienst an der Gemeinde
- ist Ergebnis eines geschichtlichen Prozesses
- ist Ausdruck persönlicher Berufung
- gründet nicht in einer besonderen Weihe
- ist von Christus eingesetzt
- ist ausschließlich Schöpfung der frühen Gemeinden
- dient dem geistlichen Wachstum der Kirche
- beansprucht das ganz innerste Leben seines Trä-
  gers
- dient primär der Schlichtung von Konflikten, dem
  menschlichen Zusammenleben in der Gemeinde
- hält die anvertraute Gemeinde in der Spur des
  Evangeliums
- sorgt sich darum, dass die vom Evangelium ge-
  formten Gemeinden mit der Ortskirche verbunden
  bleiben

Diese Sätze kreisen um drei Grundthemen:

- Da ist zunächst der *Christusbezug* des Amtes (der Amtsträger repräsentiert Christus, ist von Christus berufen, beansprucht das innerste Wesen, dient dem geistlichen Wachstum der Kirche);
- dazu kommt der *Gemeindebezug* (das Amt ist Dienst an der Gemeinde, hält die Gemeinde in der Spur des Evangeliums, verbindet die Evangeliumsgemeinden in der Ortskirche untereinander, ist Repräsentation der Gemeinde)
- und schließlich als dritte Dimension die *Herkunft* des Amts (»von Christus eingesetzt«, ist keine »Schöpfung der frühen Gemeinde«, »gründet in einer eigenen Weihe«).

Diese drei Aspekte mischen sich bei den vier Haupttypen unserer Priester in unterschiedlicher Weise. So zeigen sich vier Typen von Amtsverständnissen.

Auflösung des Selbsttests

An dieser Stelle kehren Sie zum Ergebnis Ihres Selbsttests zurück. Sie haben fünf Fragen beantwortet, fünf Buchstaben gesammelt und festgestellt, welcher Buchstabe am häufigsten vorkommt. Dabei können Sie davon ausgehen, dass es nur selten jemanden gibt, der eine »Monokultur« hat, also fünfmal den gleichen Buchstaben. Wahrscheinlich kommt je ein Buchstabe mehrmals vor: zwei C und zwei D beispielsweise.

In jedem Fall ist das Ergebnis eher eine Rückfrage an Sie: Welchem Grundtyp neigen Sie eher zu, oder noch etwas komplexer: Von welchen Grundtypen tragen Sie welche Anteile in sich?

Und das sind nun die vier Haupttypen von Amtsbildern – die Anfangsbuchstaben A bis D entsprechen den Buchstaben des Selbsttests:

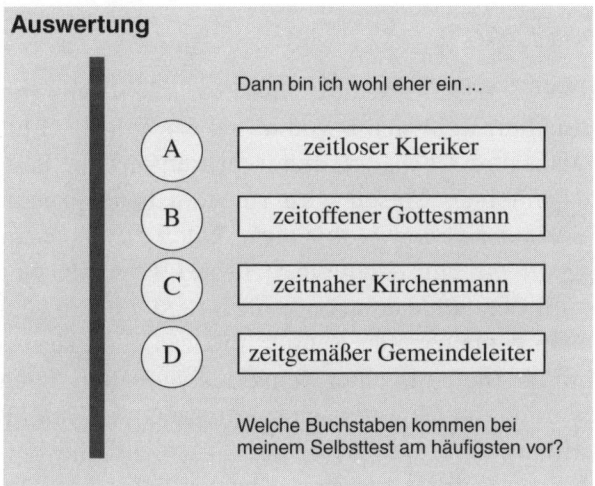

Testbild 7

Bei diesen vier Typen und ihren Namen ist es wie beim Wein: Der Wein kommt von der Traube. Der Name, der außen auf der Flasche steht, den gibt der Winzer. Auf die Studie **PRIESTER 2000**© angewendet: Die vier Typen von Amtsverständnissen stützen sich auf die Antworten, welche die Priester auf die vorgelegten Fragen zum Amtsverständnis in der Umfrage gegeben haben. Die Benennungen der vier Typen hingegen wurden vom Forschungsteam vergeben. Viele Detailanalysen, aber auch Diskussionen mit Priestern und Laien, mit Priesterräten und Diözesanleitungen haben gezeigt, dass die Namen gut passen.

Das sind nun die vier Haupttypen in einem lexikalischen Überblick.

Zeitloser Kleriker

Ein erster Typ ist der zeitlose Kleriker. Er lebt ganz von Christus her, weiß sich berufen und erwählt. Er fühlt sich als »alter Christus«. Ihn repräsentiert er. Sein ganzes innerstes Wesen wird von ihm beansprucht. *»Auf schönem Land fiel mir mein Anteil zu. Ja, mein Erbe gefällt mir gut«* (Psalm 16,6). Erbe: kleros. Kleriker ist er. Mit Gemeinde fängt er wenig an – sieht man vom kleinsten gemeinsamen Nenner ab, dass alle Priester ihr Amt als Dienst in einer Gemeinde verstehen. Eben dieses Amt, von Christus selbst eingesetzt, ist von allem Anfang an gleich geblieben. Geschichtliche Entwicklungen kennt der zeitlose Kleriker keine.

Zeitoffener Gottesmann

Auch der zeitoffene Gottesmann, der zweite Haupttyp, weiß sich Christus nahe, repräsentiert diesen, erlebt sein Innerstes als von ihm erfasst und ist von daher dem geistlichen Wachstum der Kirche verpflichtet. Eben diese Rückbindung an Christus entfernt ihn aber nicht von der Gemeinde und den Menschen, sondern öffnet ihn dorthin. Er versucht eine Balance zwischen repraesentatio Christi und repraesentatio ecclesiae, also der Repräsentation der Gemeinde. Der historisch-kritischen Bibelforschung entnimmt er, dass das priesterliche Amt, in seinem Kern von Christus gewollt, sich im Lauf der Geschichte entfaltet hat. Als Gottesmann ist er menschennah.

Zeitnaher Kirchenmann

Von Christus berufen zu sein ist dem zeitnahen Kirchenmann (dem dritten Haupttyp) wichtig. Das zeichnet ihn aus. Seine Berufung macht er zum Beruf. Dienstnehmer der Kirche ist er. Der zeitnahe Kirchenmann schafft sich einen schützenden Abstand zwischen seinem Ich und der anfordernden priesterlichen Aufgabe – seiner Priesterrolle. Professionalität ist ihm wichtiger als Spiritualität. Mit den herkömmlichen Denkfiguren einer Repräsentation tut er sich eher schwer: sowohl mit der repraesentatio Christi wie jener der Gemeinde. Wichtig ist es ihm auch, Arbeit und Freizeit sauber zu trennen. Er ist nicht »immer im Dienst«.

Zeitgemäßer Gemeindeleiter

Der vierte Haupttyp: der zeitgemäße Gemeindeleiter. Sein Dienst in der Gemeinde ist anderer Art. Repräsentation ist für ihn überhaupt kein Thema: weder jene Christi noch die der Gemeinde. Wohl aber fühlt er sich als Bruder unter Brüdern und Schwestern. Er ist besorgt, dass alle Charismen zum Zug kommen und die Gemeinde lebt. Dass die Mitglieder der Gemeinde ihr gemeinsames Priestertum ausüben, darauf zielt sein priesterliches Amt. Diese Art von Amt ist nicht von Christus eingesetzt, sondern geschichtlich gewachsen. Getragen ist der zeitgemäße Gemeindeleiter von jener Spiritualität, die sich im alltäglichen Vollzug seines pastoralen Dienstes ereignet.

Querschnitt und Längsschnitt

Die Studie **PRIESTER 2000**© ist eine Querschnittstudie. Sie zeigt, welch bunte Vielfalt von Amtsauffassungen unter heutigen Priestern nebeneinander besteht. Es gibt die Vielfalt als Möglichkeit aber auch innerhalb einer einzigen priesterlichen Lebensgeschichte. Der eine Amtstyp kann in einer langsamen Entwicklung sich in einen anderen hineinwandeln. Bei anderen Priestern ereignet sich der Übergang in Brüchen.

Da fängt jemand, in einem religiös engen Elternhaus groß geworden, als zeitloser Kleriker an. Das Studium oder – bei nicht wenigen der heutigen Priester – die kulturell bewegenden Achtundsechzigerjahre – öffnen einen weiten Horizont. Die Auseinandersetzung mit der zeitgenössischen Kultur wird unumgänglich. Es kann auch sein, dass ein Priester von einer kleinen Landpfarrei zum Jugendseelsorger in der Stadt berufen wird. Dann kann leicht passieren, dass der zeitlose Kleriker in einen zeitoffenen Gottesmann mutiert.

Im Lauf der Jahre seines priesterlichen Wirkens kann sich seine Arbeit routinisieren. Manch ein längere Zeit hochengagierter zeitoffener Gottesmann wandelt sich dann zum lebensmäßig gut eingerichteten Priesterbeamten. Andere lassen sich wiederum auf die Modernität ein – eine Zeit lang wenigstens. Sie beziehen den Standort der Moderne und reiben sich reformerisch an ihrer Kirche.

Auch eine andere Entwicklung ist vorstellbar. In modernen Freiheitskulturen spüren nicht wenige Menschen, auch junge, dass die eröffnete Freiheit ohne kollektive Ordnungen riskant und anstrengend sein kann. Deshalb wächst eine gerüttelte Skepsis gegenüber dieser Art von Moderne. Manche zeitgemäße Gemeindeleiter verändern sich in dieser Situation in erstaunlich kurzer Zeit zu ziemlich autoritären Klerikern. Andere suchen den Ort der zeitoffenen Gottesmänner auf. Vor allem jene, die merken, dass im Kraftfeld der Moderne die eigenen spirituellen Ressourcen leicht verdunsten. Zugleich spüren sie, dass ihr innerster Wunsch ist, die Menschen nicht nur gemeindlich klug zu organisieren, sondern dass gerade unter der Vorhut moderner Menschen immer mehr sind, die mit neuer Qualität religiös suchen. Sie brauchen dabei weniger den kundigen Sozialarbeiter, sondern den Gottesmann, der den Himmel offen hält. Gerade Priester, die mit spirituell Suchenden zusammen sind, spüren, dass die Menschen nicht den guten Organisator suchen, den gemeindlichen Manager, sondern den Gotteskundigen, der im Evangelium erfahren ist. Die Respiritualisierung der Kultur kann dann auch zu einer Respiritualisierung der Priester führen. Auch darin erweisen sich dann Priester als »Kinder ihrer Zeit«, was eine Stärke derer ist, die paulinisch danach trachten, allen alles zu werden:

»Den Schwachen wurde ich ein Schwacher, um die Schwachen zu gewinnen. Allen bin ich alles geworden, um auf jeden Fall einige zu retten« (1 Kor 9,22).

Stärken und Gefährdungen

Die Kurzbeschreibung der vier Amtstypen wird im Folgenden datengestützt weiterentwickelt. Der holzschnittartige Erststeckbrief entfaltet sich zu einem farbigen Gemälde.

Zeitloser Kleriker: christomonistisches Amtsverständnis

»Ein Priester muss sein, ganz groß und ganz klein.« Mit diesem Auftakt beginnt ein volkstümliches Priestergedicht, das für eine Primiz oder für einen in einer Pfarrei neu ankommenden Pfarrer verfasst wurde. In den darauf folgenden Zeilen werden die Anforderungen an einen Priester in Reimform aufgezählt. Die letzten Verse lauten:»Im Denken klar, im Reden wahr, des Friedens Freund, der Trägheit Feind, feststehend in sich – ganz anders als ich.« Diese Volkslyrik transportiert eine Figur, die viele ältere Menschen als den »Normalfall« eines Priesters kennen. Auch die Geistlichen in Schwarz-weiß-Filmen entsprechen diesem Bild. Gleiches gilt für die Hauptfiguren der Priesterromane vor allem der ersten Hälfte des 20. Jahrhunderts. »Weihe, Gnade, Glaube und Heil« sind für Franz Gasteiger in diesen Romanen die zentralen Schlüsselbegriffe für das damalige Verständnis vom Pfarrer. Sie fügen sich gut zum Amtstyp des zeitlosen Klerikers hinzu.

Es ist ein Priesterbild, das streng genommen nicht in unsere Zeit passt. Der zeitlose Kleriker ist kein Zeitgenosse im Sinne des griechischen »synchronos«. Er ist keiner, der mit der Zeit geht. Das Moderne und vor allem die Moderne ist seine Sache nicht. Somit ist er auch nicht gefährdet, auf jeder Modewelle mitzusurfen und sich dem atemberaubend schnellen Zeitgeist unkritisch anzupassen oder ihm hinterherzulaufen. Ein zeitloser Kleriker steht für eine Berufsrolle gerade, die eine ewige Tradition, genauer eine von ungefähr fünfhundert Jahren hat. In der ihm gemäßen Form hat sie sich vor allem in den Anfängen der pianischen Ära entwickelt und konturiert. Durch das Zweite Vatikanische Konzil haben sich dabei entscheidende Umakzentuierungen vollzogen, die vom Amtstyp des zeitlosen Klerikers nicht in jedem Fall internalisiert wurden. Er sieht seinen Schwerpunkt im kultischen Wirken. Immerhin gut ein Viertel der an der Umfrage beteiligten Priester aus den Ländern des Westens lässt sich diesem Amtstyp zuordnen. In den osteuropäischen Kirchenregionen sind es erheblich mehr. Im Gesamt aller Befragten ist es ein Drittel.

Das Substantiv »Zeit« hat indogermanische Wurzeln. Teilen, zerschneiden sind seine Grundbedeutungen. Wenn im Folgenden der Kleriker mit dem Adjektiv »zeitlos« beschrieben wird, dann besagt das unter anderem, dass er zwischen der Herkunft und der derzeitigen Ausprägung des priesterlichen Amtes keine Entwicklung erkennt. Das Hier und Heute ist für ihn mit dem Ursprung ungeteilt verbunden. Der Ursprung seines Priestertums ist Christus. In seiner unbedingten Bezogenheit auf Christus verdeutlicht der zeitlose Kleriker amtstheologisch, dass die Kirche christusstämmig ist und in ihm wurzelt. Sie ist nicht aus sich selbst entstanden und nicht dazu da, sich wie ein Kreisel ständig um sich selbst zu drehen. Kirche und darin das priesterliche Amt verdanken sich Christus. Das gehört zu den grundlegenden Positionen im Amtsverständnis des zeitlosen Klerikers. Priesterliches Amt ist für ihn in erster Linie repraesentatio Christi. Joh 3,29–30 ist eine Schriftstelle, die das Selbstverständnis des zeitlosen Klerikers erschließen hilft: Wie Johannes der Täufer weist er von sich selber weg auf den hin, der Gott unter den Menschen sichtbar und erfahrbar macht. In der Übersetzung von Fridolin Stier lauten diese Verse so: »Wer die Braut hat, der ist der Bräutigam. Der Freund des Bräutigams aber, der dabeisteht und auf ihn hört: Er freut sich, hocherfreut, ob der Stimme des Bräutigams. Diese Freude nun – die meine – ist erfüllt. Jener muss wachsen, ich aber geringer werden.« Zeitlose Kleriker sehen ihr Amt in hohem Maß im Dienst für das geistliche Wachstum der Kirche.

Christus und seine Leben spendende Botschaft sollen in Sakrament und Wort aus der ihnen eigenen Mächtigkeit (ex opere operato) unter den Menschen wirksam werden. Darum sorgt er sich. Die Eucharistie steht dabei an herausragender Stelle in der Rangliste seiner priesterlichen Tätigkeiten. Unter den Sakramenten ist das Bußsakrament für ihn das Zweitwichtigste. Der Christusbezug des zeitlosen Klerikers ist so ausgeprägt, dass man – mit den Worten von Hermann

Josef Pottmeyer – von einem christomonistischen Amtsverständnis sprechen kann. Aufgrund seiner Christusbezogenheit sieht er sich im Gegenüber zur Gemeinde. Das »für euch« hat einen wesentlichen höheren Stellenwert bei ihm als das »mit euch«. In seinem primären Gegenüber macht er deutlich, dass sich das Amt von Christus und nicht aus der Gemeinde herleitet.

Der zeitlose Kleriker ist in mancher Hinsicht der »Andere«, der Priester aus den Tagen der Volkskirche, als die Theologie des Gottesvolkes noch kein Thema war. In Pfarrgemeinden von zeitlosen Klerikern wird es auch heute noch Pfarrfamilienabende geben. Das familiäre Bild der Kirche, das familiale Verständnis der gemeindlichen Organisation mit einem »pater familias« an der Spitze korrespondiert mit dem dazugehörigen Priesterideal: Menschen zu Gott zu führen. Er versteht sich ausdrücklich als Mitarbeiter Gottes. Das johanneische Bild vom guten Hirten, der die Seinen kennt, der für sie sorgt, mit ihnen gute und nahrhafte Lebensweiden sucht und den Verlorenen nachgeht, ist ein Archetyp priesterlicher Existenz. Dieses Bild kommt dem Selbstverständnis des zeitlosen Klerikers sehr nahe. Er trägt schwer an der unkirchlichen Welt und der verweltlichten Kirche, aber er erträgt beides im Blick auf den Auftrag, der ihm durch die Weihe unwiderruflich zugefallen ist. Gerade ihm ist es daher auch wichtig, Kindern und Jugendlichen die Welt des Glaubens zu erschließen. Einen hohen Stellenwert hat für den zeitlosen Kleriker die Einheitsfunktion des Amtes, die sich mit einer seiner pastoralen Stärken verbinden lässt: ein Mann des Friedens und der Versöhnung zu sein.

Zeitlose Kleriker zeigen dennoch Flagge. Die Bandbreite reicht dabei von der Unmissverständlichkeit der Verkündigung bis zur klerikalen Kleidung. Innerhalb ihrer Gruppe gibt es eine hohe Zustimmung zu der Frage, dass ein Priester in der Öffentlichkeit an der Kleidung erkennbar sein muss. Diese Eindeutigkeit ist im Kontext postmoderner Vielfalt und Gleich-Gültigkeit eine notwendige und anerkennenswerte Fähigkeit.

Der Publizist Peter Seewald hat zweimal mit Kardinal Ratzinger ausführliche Gespräche geführt und diese jeweils in Buchform niedergelegt. Er selbst schreibt von sich, dass er aus der Kirche ausgetreten ist. Man spürt in seinen Büchern die Faszination, welche die Klarheit und Eindeutigkeit von Kardinal Ratzinger für ihn, den Kirchenkritischen und Gottsuchenden, hat.

Hermann Lübbe hat vor vielen Jahren bereits darauf hingewiesen, dass die Reduktion von Komplexität von einem fortwährenden Entscheidungsdruck entlastet. Wer sich aus den unzähligen Wahlmöglichkeiten für einen bestimmten Weg oder eine bestimmte Form entscheidet, setzt sich dem Wahlzwang ungleich weniger aus und erlebt von daher weniger Alltagsstress. Die zeitlosen Kleriker verschaffen (sich) damit Sicherheit und Klarheit. Solche Komplexitätsreduktion bekommt ein negatives Vorzeichen, wenn sie in Fundamentalismus umschlägt. Fundamentalisten werden jene, die sich mit »Pluralitätstoleranz« schwer tun.

Wer zum Amtstyp des zeitlosen Klerikers gehört, hat eine hohe Identifikation mit seinem Beruf, der für ihn das ganze Leben prägt und durchdringt. Berufliche Erfüllung und Zufriedenheit sind in hohem Maß gegeben. Der Wunsch nach einem Wechsel des Arbeitsfeldes besteht bei den wenigsten, so dass sich bei den zeitlosen Klerikern beinahe eine monastische »stabilitas loci« zeigt.

Institutionell hat der zeitlose Kleriker die Rolle des Gralshüters. Wie Alberich in der Nibelungensage oder der geheimnisvolle Wächter des Heiligen Grals aus dem Parzival ist er der Aufseher über das »depositum fidei«. Nichts vom Schatz des Glaubens und der Tradition darf verloren gehen. Dafür verbürgt er sich und dafür macht er sich innerhalb der Kirche stark. Diese Rolle ist in mancher Hinsicht undankbar, weil sie einsam macht und dem Wandel permanent die Stirn bieten muss. Zudem ist die aufgebürdete Last der Verantwortung groß und schwer. Wer darum besorgt ist, die volle und unverkürzte Wahrheit zu tradieren, erlebt wenig Entlastung. Jedwede Entwicklung bedroht ihn zuerst einmal. Veränderung verunsichert und Verunsicherungen in der Lehre durch neue theologische Strömungen belasten ihn. Risiko scheut er. Groß ist von daher die Versuchung, die übergebenen Talente zu vergraben, um sie nicht zu verlieren, anstatt mit ihnen zu wuchern und sie einzusetzen.

Zeitlose Kleriker sind die ängstlichen Wächter. Das Zweite Vatikanische Konzil hätte ihnen Entlastung angeboten. Eine erste findet sich zum Beispiel in der Rede von der Hierarchie der Wahrheiten, im Ökumenismusdekret Artikel 11. Nicht jede Glaubenswahrheit ist zu jeder Zeit gleich schwergewichtig, heißt die darin enthaltene Botschaft. Entscheidend ist die Nähe zum Mysterium Christi. Wenn also der Allerseelenablass in einer Pfarrgemeinde keine Resonanz mehr findet, dann ist damit noch nicht der Glaube der Menschen verdunstet.

Eine zweite Entlastung stellt »Lumen gentium« 12 dar: das wiederentdeckte Vertrauen in den Glaubenssinn der Gesamtheit der Gläubigen. »Die Gesamtheit der Gläubigen, welche die Salbung von dem Heiligen haben (vgl. 1 Joh 2,20 und 27) kann im Glauben nicht irren.« Beide kurz angetippten Themen treffen die Achillessehnen des zeitlosen Klerikers. Es würde ihm innerhalb der Institution – und auch persönlich – gut tun, wenn er seine vermeintliche Schwäche – ganz paulinisch – als Stärke entwickeln könnte: Darauf zu vertrauen, dass er nicht allein dafür verantwortlich ist, dass der Glaube und das Glaubensgut nicht »unter die Räder der Zeit« geraten und dabei beschädigt werden. Papst Johannes XXIII. hat die freiheitliche Variante des Wächteramtes anlässlich der Eröffnung des Zweiten Vatikanischen Konzils in seiner vielbeachteten Rede folgendermaßen beschrieben: »Ja, diese sichere und beständige Lehre, der gläubig zu gehorchen ist, muss so erforscht und ausgelegt werden, wie unsere Zeit es verlangt. Denn etwas anderes ist das Depositum Fidei oder die Wahrheiten, die in der zu verehrenden Lehre enthalten sind, und etwas anderes ist die Art und Weise, wie sie verkündet werden, freilich im gleichen Sinn und derselben Bedeutung.«

Zeitoffener Gottesmann:
pontifikales Amtsverständnis

Die Anrede »Gottesmann« findet sich nur im Alten Testament und darin ausschließlich in den »Büchern der Geschichte«. Es handelt sich bei den so Betitelten einerseits um namenlose Männer. Ihr Name ist unwichtig, weil sie einen Auftrag Gottes zu erfüllen haben und dieser Auftrag im Mittelpunkt steht. Als Gottesmänner ausdrücklich benannt werden andererseits die Propheten Elija und Elischa sowie Mose. Diese biblischen Gottesmänner zeichnet vor allem der Beistand durch guten Rat und die heilende Wirkmacht für Bedrängte aus.

Freude und Hoffnung, Trauer und Angst der Menschen von der Geburt bis zum Tod teilen und ihnen in ihren Sorgen zur Seite stehen: Das sieht der zeitoffene Gottesmann der Studie **PRIESTER 2000**© als Aufgaben an, die ihm sehr wichtig sind und die er als Stärken seines Tuns erlebt. In dieser Einschätzung unterscheidet er sich jedoch nicht wesentlich von seinen Mitbrüdern, die anderen Amtstypen angehören. Was ihn deutlicher charakterisiert, ist ein prophetischer Akzent im Selbstverständnis, der sich in dieser Ausprägung nur bei ihm findet. Über die Hälfte aus der Gruppe der zeitoffenen Gottesmänner betrachtet es als Aufgabe und Stärke zugleich, ein Anwalt der Schwachen und Bedrängten zu sein und diesen auch öffentlich (im Ort, in der Kirchengemeinde, in den Medien) eine Stimme zu verleihen. Ein gutes Drittel der zeitoffenen Gottesmänner äußert sich nicht nur gelegen, sondern auch ungelegen zu Missständen in Kirche und Gesellschaft. Diese Seite des Engagements wird bei den anderen Amtstypen bei weitem nicht so deutlich dem priesterlichen Amt zugeschrieben.

Das amtstheologische Proprium des zeitoffenen Gottesmannes ist die Balance im Verständnis der amtlichen Repräsentation. Er sieht eine deutliche Bezogenheit des Amtes auf Christus und seiner dienenden Vergegenwärtigung in der Gemeinde. Er versteht sich aber andererseits auch als Repräsentant der Gemeinde. Das amtliche Priestertum wird bei ihm nicht erheblich höher bewertet als das gemeinsame Priestertum aller Getauften. In der Priesterumfrage 1971 waren bei den Befragten zwei starke Gegenpole auszumachen, die unter dem Stichwort horizontales und vertikales Amtsverständnis subsummiert wurden. Die Trennlinie zwischen diesen Haupttypen von Priestern war das Lebensalter. Den Jüngeren konnte das horizontale Amtsverständnis zugeordnet werden, das vertikale wurde stark von den älteren Priestern vertreten. Diese waren mehrheitlich vor dem Zweiten Vatikanischen Konzil ausgebildet und geweiht worden. Obwohl der Großteil der befragten Priester aus der vorliegenden Studie zu den Konzils- und Nachkonzilsjahrgängen gehört, gibt es die beiden Pole auch derzeit noch. Sie unterscheiden sich jedoch nicht mehr primär auf der chronologischen Ebene, sondern in ihrer Grundeinstellung zur Welt.

Der zeitoffene Gottesmann ist ein Novum der Umfrage **PRIESTER 2000**©. Er ist – weitaus stärker als der zeitnahe Kirchenmann – ein Integrationstyp. Er positioniert sich in mehrerlei Hinsicht in der Mitte, ohne dadurch an Kontur zu verlieren und »mittelmäßig« zu sein. Hohe Zustimmung findet bei diesem Amtstyp die Aussage, dass das priesterliche Amt dem geistlichen Wachstum der Kirche dient. Der Leitungsdienst ist für ihn Dienst an der Einheit: Die diachrone Einheit ist ihm dabei wichtiger als die synchrone, wobei beide bei ihm einen ausgesprochen hohen Stellenwert haben.

Seelsorgliches Gespräch und Predigt stehen – nach der Eucharistiefeier – in der Rangliste der wichtigen Tätigkeiten beim zeitoffenen Gottesmann ganz oben. Der Dialog und das Hinhören sind ebenso wichtig wie die zeitgemäße Verkündigung des Evangeliums. Mehr als die Hälfte der zeitoffenen Gottesmänner geht mit den Ergebnissen der historisch-kritischen Exegese konform, dass das Amt – nicht nur in seiner jetzigen Ausprägung – Ergebnis eines geschichtlichen Prozesses ist. Obschon die persönliche Berufung diesem Amtstyp wichtig ist, bedeutet die Weihe nicht das »ein und alles«.

Diejenigen Priester unter den Befragten, die sich als zeitoffene Gottesmänner verstehen, sind der Moderne zwar zugeneigt, erleben sich aber durchaus in Spannung zwischen Kirche und Welt. Auch in der Frage der Modernität ist der Platz dieses Amtstyps eher die Mitte. Der zeitoffene Gottesmann hat ein pontifikales Amtsverständnis. Er steht in der Kirchentür, auf der Schwelle zwischen dem sakralen und profanen Raum, wobei er nicht der Mittler zwischen den Welten ist, sondern derjenige, der die Tür offen hält und dem deswegen der Gegenwind von jeder Seite gehörig ins

Gesicht blasen kann. Ausgespannt zwischen Tradition und Situation und eingespannt in das Evangelium Christi ist der Dienst für das Reich Gottes für ihn bisweilen auch eine Gratwanderung. Das Pauluswort aus Gal 6,14 beschriebt dies treffend: »Ich aber will mich allein des Kreuzes Jesu Christi, unseres Herrn, rühmen, durch das mir die Welt gekreuzigt ist und ich der Welt.«

Der zeitoffene Gottesmann ist der »geborene Pfarrer«. Dies meint nicht eine priesterliche Berufung von Kindesbeinen an, sondern eine erhebbare Freude an der Gestaltungsmacht, der Zwillingsschwester jeglicher Positionsmacht. Diese kommt ihm als Vorsteher einer Pfarrgemeinde zu. Er erlebt diese Aufgabe in starkem Maß als Bereicherung, durch die er viel lernt, und übt sie tendenziell synodal aus. Das bedeutet z. B., dass er dem Pfarrgemeinderat in pastoralen Fragen durchaus Entscheidungskompetenz einräumt, allerdings nicht in dem Umfang, wie das beim zeitgemäßen Gemeindeleiter der Fall ist. In seinem Leitungsverständnis hat die Personalentwicklung den Vorrang vor der Organisationsentwicklung. Die Anerkennung seiner Arbeit durch Vorgesetzte ist ihm – im Vergleich zum zeitnahen Kirchenmann – ein Anliegen. Diesem Wunsch wird – so der empirische Befund – allerdings kaum Genüge geleistet. Wenn überhaupt, dann am ehesten noch durch den Bischof. Feedbackstrukturen sind in der Kirche noch wenig entwickelt. Ansätze gibt es allenfalls in Hauptamtlichenteams, die sich regelmäßig treffen und die für die Qualitätssicherung ihrer Arbeit darauf angewiesen sind, ihre Aktivitäten und ihre Zusammenarbeit zu reflektieren. Von daher ist verständlich, dass Priester aus der Gruppe der zeitoffenen Gottesmänner die meiste Rückmeldung durch hauptamtliche Mitarbeitende erhalten.

Zeitoffene Gottesmänner sind in stärkerem Grad in leitenden Positionen auf der mittleren Ebene zu finden. Unter ihnen wird sich eine stattliche Anzahl von Dekanen befinden: ein Wahlamt, für das Männer der Mitte am ehesten Akzeptanz finden. Zudem hat der zeitnahe Gottesmann von allen Amtstypen am stärksten Lust, Verantwortung für eine Gemeinschaft zu übernehmen. Gleiches gilt für die Bereitschaft, eine Pfarrei zu leiten. Die Aussage *»Ich kann in meiner Arbeit weithin frei bestimmen, was ich tue«* hat bei den zeitoffenen Gottesmännern die höchste Zustimmung. Zudem macht es Priestern dieses Amtstyps Freude, in der Öffentlichkeit zu stehen. Missionarisches Neugewinnen von Gläubigen ist jedoch nicht ihre Sache. Sie bewegen sich lieber im sicheren Terrain: bei und mit den praktizierenden Christen. Der Religionsunterricht, der bei allen befragten Priestern im letzten Drittel der Prioritäten rangiert, genießt beim zeitoffenen Gottesmann die beste – wenngleich auch bei ihm ausbaubare – Wertschätzung.

Dass das priesterliche Amt dem menschlichen Zusammenleben in der Gemeinde und der Schlichtung von Konflikten dienlich sein soll: Diese Aussage findet unter den befragten Priestern kaum Resonanz. Eine offensichtliche Ausnahme ist dabei der zeitoffene Gottesmann. Er hat eine nachweisbare Option für das Friedenstiften und die gelebte Communio. So zeigt sich der

Mann der Mitte auch in dieser Hinsicht als Mediator. Ist er aber in einen Konflikt involviert, scheut er die Konfrontation nicht und spricht gelegentlich auch ein Machtwort.

Seine Position in der Organisation ist die des Brückenbauers. Diese Funktion hat ihre Wurzeln im alten Rom. Der Tiber bildete damals für die aufstrebende Stadt ein natürliches Hindernis, das es zu bezwingen galt, um die Handelsströme in Fluss und die Stadt am Leben zu halten. Dafür sorgten ursprünglich die »pontifices«: fähige und kompetente Ingenieure, welche die lebenswichtigen Brücken über den Tiber errichteten und instand hielten. Profunde Kenntnisse in Statik und ein gutes Gespür für die jahreszeitlichen Launen des Flusses gehörten zu ihrer Grundausstattung. Sie stiegen aufgrund ihrer wichtigen Aufgabe mit der Zeit zu Beratern des Königs auf und zählten in den Zeiten der Republik zum ranghöchsten Priesterkollegium.

Die Gefährdung des zeitoffenen Gottesmannes ist am schwersten zu fassen. In seiner pontifikalen Stärke baut er in seinem priesterlichen Dienst eine Brücke zwischen Christus und der Gemeinde, zwischen Gott und den Menschen, zwischen dem Zeitlosen und der geschichtlichen Entwicklung. Ein solcher Brückenbau braucht starke Pfeiler. Hält einer der beiden Brückenpfeiler nicht, stürzt die Brücke ein.

Das »Kreuz des modernen Priesters« wird hier sichtbar: ausgespannt zu sein zwischen dem unveräußerlichen Erbe des Evangeliums und der wandelbaren modernen Zeit. Es ist dabei nicht leicht, Gott und den Menschen in einem nahe zu bleiben. Dann aber ist es die Gefährdung des zeitoffenen Gottesmannes, sich der Spannung zu entziehen. Das aber droht ihm, wenn ihm seine spirituellen Kräfte ausgehen und seine menschlichen Tragnetze zerreißen.

Die zeitoffenen Gottesmänner halten amtlich Kirche und Welt zusammen. Dies ist durchaus ein Balanceakt, der in der steten Versuchung steht, einseitig zu werden. Gerade von daher ist es ein Segen, dass es dem zeitoffenen Gottesmann wichtig ist, die Zeichen der Zeit zu erkennen und an ihnen die Verkündigung des Evangeliums zu formen. Diese Grundtönung im Selbstverständnis ist eine gute Basis, die Spannung zu halten und auszuhalten.

Zeitnaher Kirchenmann:
vokatives Amtsverständnis

»Wenn ich meinen freien Tag habe, dann fahre ich aus der Pfarrei weg, ich ziehe für einen Tag den ›Stadtpfarrer‹ aus, und danach geht es wieder gut weiter.« Der Pfarrer, von dem diese Aussage stammt, ist ein hochengagierter Seelsorger. Er ist einer, der seinen Beruf sehr ernst nimmt und der es sich – sowohl vom zeitlichen wie auch vom innerlichen Einsatz her – nicht leicht macht. Er könnte in der vielen Arbeit nicht nur auf-, sondern auch untergehen. Was ihn jedoch vor dem Untergang in der Arbeit bewahrt: Er verfügt über die Gabe, von seinem Amt bzw. seinen Ämtern zu gegebener Zeit Abstand zu nehmen. Dann taucht er ab, regeneriert und kann sich neuerlich investieren. Er trennt Arbeit und Freizeit, Berufsleben und Privatle-

ben. Er lebt nicht nach dem Spruch: *»Ein Priester ist immer im Dienst.«* In seiner gut sortierten Bibliothek im Wohnzimmer des Pfarrhauses findet sich ausgesuchte Belletristik; die theologischen Bücher haben ihren Platz im Arbeitsraum. Der Schreibtisch im Arbeitszimmer ist geordnet und im Normalfall abgeräumt. Wer andere Amts- oder Arbeitszimmer und andere Schreibtische von Priestern und Pfarrern kennt, nimmt den Unterschied wahr.

Ein paar Anzeichen weisen darauf hin, dass der beschriebene Priester zum Amtstyp der zeitnahen Kirchenmänner gehört. Die Fähigkeit zur Distanz ist beispielsweise eine große Stärke des zeitnahen Kirchenmannes. Gleiches gilt auch in der Frage der Professionalität. Eine weitere Stärke ist die von Hermann Stenger so bezeichnete Pluralitätstoleranz.

Amtstheologisch macht der zeitnahe Kirchenmann deutlich, wie Berufung zum Beruf wird. Sie wird von ihm in professionalisierter Form gelebt. Die persönliche Berufung ist für diesen Amtstyp, wie der empirische Befund belegt, ein hoher Wert. Der zeitnahe Kirchenmann hat ein »vokatives Amtsverständnis«. Er kann daher seinem Beruf nachgehen, ohne sich in erster Linie in einer Gemeinde zu verankern, und er braucht im Grunde seines Herzens keine Gemeinde, um sich als Priester zu verstehen. Der persönliche Ruf Gottes zum Dienst in der Kirche ist seine sichere Grundfeste. Jes 43,1 an Israel gerichtet könnte – in der Übersetzung von Martin Buber – seine Schriftstelle sein: »Fürchte dich nimmer, denn ich habe dich ausgelöst, ich habe dich mit Namen berufen, du bist mein.« Das beschreibt ein exklusives Verhältnis, das Kraft und Rückbindung schenkt.

Priester dieses Amtstyps wissen jedoch, dass dies allein für den Alltag mit seinen vielfältigen Anforderungen nicht genügt. Solches Bewusstsein zeichnet sie im wahrsten Sinne des Wortes als Profis aus. Der zeitnahe Kirchenmann kann mit Rollenvielfalt umgehen, die in den unterschiedlichen Rollenzuweisungen an ihn herangetragen wird. Dieses Maß an Anforderungen hat es für die Priester früher nicht gegeben. Vieles war klarer und einfacher. Ein Pfarrer oder Priester hatte die Sakramente »zu verwalten«. Er verstand sich als Hirte und Seelsorger seiner Pfarrei, hielt Katechesen in der Schule und galt unangefochten als Autorität. Man wusste bis in die späte Nachkriegszeit hinein, was ein Pfarrer war, was er zu tun und wie er zu sein hatte. So findet sich in den Fünfzigerjahren auf Primizbildern häufiger das abgewandelte Pauluswort: »Durch die Gnade Gottes bin ich, was ich bin, Priester des Herrn.« Und das genügte. Die Weihe war – in Kombination mit Seminarerziehung und Studium – eine solide Grundausstattung, die ein Priesterleben lang ausreichte und trug.

Der längst eingetretene Wandel ist gewaltig. Lebenslanges Lernen ist heute in den meisten Berufen der Normalfall. Die Rollenanforderungen sind in allen Berufen, die nicht nach standardisierten Vorgaben arbeiten müssen, enorm gewachsen. Das gilt auch für die Priester. Sie sind Seelsorger und haben von Amts wegen Leitungsfunktionen, die ein entsprechendes Know-how erfordern. Sie sind Chefs von Kindergärten oder anderen kirchlichen Einrichtungen, Fachexperten als Theologen, Lehrer und Lebensbegleiter. Sie müssen ihren Mann stehen als Liturgen, Finanzkundige, Spirituale und womöglich auch noch Experten im Bauwesen. Neuerdings erwartet man auch Kompetenzen in der Teamentwicklung und Moderation. Und das ist wahrscheinlich noch nicht alles. Wichtig ist darum, den Dienst im Griff zu haben und nicht umgekehrt. Weihe und Studium allein reichen für die Vielfalt der Anforderungen aus der Sicht des zeitnahen Kirchenmannes nicht aus. Berufen und geweiht, »in persona Christi« zu handeln, hat einen sehr hohen Stellenwert bei ihm. Er wünscht sich allerdings zugleich professionelle Fortbildung. Kommunikations- und Konfliktmanagement, Leitung und Teamarbeit, Zeit- und Selbstmanagement und Einführung in die kirchliche Verwaltung: Dies sind die Bereiche, bei denen er die höchsten Werte in der Nachfrage hat. Auch Ökumene, Psychologie und Pädagogik, Wirtschaft und Sozialwissenschaften stehen auf seiner Wunschliste weit oben sowie die seelsorgliche Begleitung. In diesem Interessensprofil unterscheidet er sich auffallend von den anderen Amtstypen.

Und er schätzt als Profi auch die Laien als Profis in ihrem Bereich. Wie den zeitgemäßen Gemeindeleiter zeichnet auch den zeitnahen Kirchenmann ein starkes Gespür für Synodalität aus. Derjenige Priester, der zum Amtstyp des zeitnahen Kirchenmanns gehört, erledigt seine Arbeit professionell gut. Er ist aber nicht der »geborene Workaholic«. Beim momentanen kirchlichen Organisationsklima, das Überarbeitung als Grundgefahr bei sich trägt, wird eine solche Haltung zur Stärke. Wer weiß, wann die Arbeit zu Ende ist, wer (s)eine Grenze kennt, bringt Wichtiges für den Gesamtbetrieb ein, in dem berufliche Hingabe ein hoher, wenn nicht der höchste Wert ist. Zeitnahe Kirchenmänner relativieren: sich, ihre Arbeit und den Dienst. Das erhält sie gesund und macht sie weniger anfällig für die Berufskrankheit des Burnout. »Ich will in der Kirche nichts mehr werden, schon gar nicht krank«, so ein prominenter österreichischer Dompfarrer zum Apostolischen Nuntius. Das bewahrt sie auch davor, berufsbedingt suchtgefährdet oder depressiv zu werden. Wer relativieren kann, lässt den eschatologischen Vorbehalt zum Zug kommen, der der Kirche ins biblische Stammbuch geschrieben und eingepflanzt ist und den sie manchmal nicht in aller Ernsthaftigkeit beachtet. Auch das ist ein Dienst, den der zeitnahe Kirchenmann der Kirche – unbemerkt – amtstheologisch leistet.

Eine ansehnliche Zahl aus der Gruppe der zeitnahen Kirchenmänner ist entweder in der Wissenschaft tätig oder hat leitende Aufgaben. In diesen Funktionen können sie ihre Stärken ungebremst einbringen. Auffallend ist, dass der zeitnahe Kirchenmann wenig Hinneigung zur Gemeinde hat. Alle Variablen, die einen Gemeindebezug anzeigen, sind bei ihm sehr schwach ausgeprägt. Er hat hier die niedrigsten Werte von allen. Es zeigt sich eine klare Tendenz, die Gemeinde zugunsten von Kirche links liegen zu lassen. Diachrone und synchrone Einheit sind ihm kein Thema. Prägt die Tätigkeit den Amtstyp oder ist es umgekehrt? Der zeitnahe Kirchenmann ist mehr Seelsorger oder Priester denn Pfarrer. Die Daten weisen ihn an einigen Stellen als den geborenen Einzelgänger, den »einsamen Wolf« aus, der im klaren Gegensatz zum zeitgemäßen Gemeindeleiter nichts von Vernetzung hält. Er mag sich engagieren und kann aber auch »fünfe gerade sein lassen«. In Bayern subsummiert sich diese Eigenschaft unter dem hochbesetzten Stichwort der »Liberalitas Bavarica«. Näherhin meint das z.B. leben und leben lassen, Vielfalt respektieren, ohne das Eigene aufzugeben, den Zeitgeist akzeptieren, aber sich ihm nicht in jeder Hinsicht ausliefern, Land und Leuten in kritischer Loyalität zugetan sein und sich selber nicht für den Nabel der Welt halten. Es geht um weltoffene Toleranz, gepaart mit einem undogmatischen Bewusstsein für die eigenen Wurzeln. Ob dies allerdings nur spezifische Eigenheiten des bajuwarischen Volksstammes sind, mag dahingestellt sein. Der zeitnahe Kirchenmann ist in seiner gut verstandenen »Liberalität« eher der individuelle Solist, der sich nicht gerne »in die Karten« schauen lässt. Bei allem Fortbildungswillen in Management, Organisations- und Personalentwicklung lehnt er beispielsweise Supervision tendenziell ab. Er kann – und das ist wohl seine stärkste Gefährdung – vom zeitnahen Kirchenmann zum »liberalen Pfarrherrn« – jetzt negativ besetzt – werden. Dann wird der »einsame Wolf« zum Residenten mit selbstherrlichen Zügen, der den Pfarrgemeinderat arbeiten und Entscheidungen treffen lässt und dann dennoch tut, was er schon immer wollte. Er ist dann einer, der das Sagen hat, sich aber nichts sagen lässt: weder von den Leuten der Pfarrgemeinde, geschweige denn von den Verantwortlichen der Diözesanleitung.

Sein Platz in der Institution ist der des »Statthalters«. Statthalter waren Beamte, die das Staatsoberhaupt oder die Regierung in einem Gebietsteil vertraten, die Platzhalter des Regenten. Die Aufgabe des Statthalters ist weniger die der visionären Entwicklung, sondern stärker die solide Administration. Realismus und ein stimmiger Blick für die Lage der Dinge sind dabei notwendig. Als verständiger Mann wird z.B. der Statthalter Sergius Paulus im 13. Kapitel der Apostelgeschichte beschrieben. Ein Statthalter ist dafür verantwortlich, dass »es« gut läuft. Und: Er mag auch durchaus residieren, wie es sich für sein Amt geziemt. Mit ihm und bei ihm kann man sich sehen lassen. Als Stärke seines Priesterberufes erlebt er, Menschen an den für sie wichtigen Lebensübergängen zu begleiten, ihnen solidarisch in ihrer Freude und Trauer zur Seite zu stehen und das Leben – so wie es ist – mit ihnen zu teilen. Menschliches ist ihm nicht fremd und er mag Mensch sein und bleiben.

Zeitgemäßer Gemeindeleiter: funktional-ekklesiales Amtsverständnis

Das gemeinsame Priestertum aller Gläubigen hatte in der katholischen Kirche erschreckend lange keinen realen Stellenwert. Die ständische Trennung in Priester und Laien ist eine Hypothek, an der die nachkonziliare Kirche noch eine Weile abzutragen hat, ehe das wiederentdeckte gemeinsame Fundament als tragfähig wahrgenommen wird.

Die Wertschätzung des gemeinsamen Priestertums ist eine der großen amtstheologischen Stärken des zeitgemäßen Gemeindeleiters. Dies ist in Zeiten einer Tendenz zur Re-Klerikalisierung eine wichtige Grundposition, weil damit ein Anspruch an die innerkirchliche Entwicklung offen gehalten wird, der im Zuge der Rezeption des Zweiten Vatikanums längst noch nicht in aller Breite eingelöst ist. Dies gilt für die Laien gleichermaßen wie auch für die Amtsträger. Der gemeinsame Weg der Kirche als Volk Gottes ist manchmal noch holprig und wenig vorgespurt. Die Tendenz, erneut in eine Kirche des Klerus und der Laien auseinander zu fallen, ist eine strukturelle und geschichtlich gewachsene Versuchung. Zeitgemäße Gemeindeleiter sind, so die Ergebnisse der Studie, Platzhalter und amtliche Einmahner gegen diesen Trend.

Christifideles nennt das Kirchenrecht von 1983 die Gläubigen, wenn es vor aller Differenzierung in Ämter, durch Weihen oder Beauftragungen alle Glieder der Kirche meint. Das Bewusstsein zu fördern, einander ohne Über- und Unterordnung im Vertrauen auf die gemeinsame Zugehörigkeit zu Christus Bruder und Schwester zu sein, sehen Priester dieses Amtstyps als ihre Aufgabe. Sie machen ernst mit der fundamentalen Gleichheit aller Kirchenglieder, wie sie in »Lumen gentium« 32 beschrieben wird, ohne dass sie dabei in irgend einer Weise kryptoklerikal sind. Das Pauluswort aus 2 KOR 1,23 trifft in besonderem Maße auf sie zu: »Es ist ja nicht so, dass wir über euren Glauben Herren sein wollen.

Nein: Werkgenossen sind wir an eurer Freude; ihr steht ja fest im Glauben.« Dieses Zutrauen eines festen Glaubens, der nicht in Form einer Neuevangelisierung unter die Leute gebracht werden muss, gehört zu den Grundlagen ihres Amtsverständnisses: Der Geist Gottes wirkt und begabt und schafft damit Leben und Bewegung.

Zeitgemäße Gemeindeleiter haben eine Vorliebe für die charismatische Struktur der Kirche. Vielfalt ist erwünscht und angezielt. Diese Vielfalt wie ein Gärtner zu hegen, zu pflegen, zu düngen – weniger zu beschneiden – und dabei viele unterschiedliche Begabungen zur Entfaltung zu bringen: So verstehen sie ihren Dienst. Die Weihe ist ihnen dafür unwichtig. Ihr Dienst ist ein Dienst, der sich von den anderen Ämtern und Diensten in der Gemeinde quantitativ, nicht aber wesentlich oder qualitativ unterscheidet.

Dieser Dienst hat für sie von der Gewichtung der Aufgaben her eine starke Tendenz zur Diakonie. Sie hat im Aufgabenfeld des zeitgemäßen Gemeindeleiters einen hohen Stellwert. Ähnliches gilt für die menschennahe begleitende Seelsorge. Aus diesem so akzentuierten Alltag heraus beziehen zeitgemäße Gemeindeleiter ihre Spiritualität. Diakonie und Seelsorge sind die Quellen ihrer »Geistlichkeit«, mit den institutionell vorgegebenen Formen können sie kaum etwas anfangen.

Bei Predigten des vierten Amtstyps kann man davon ausgehen, im Normalfall von depressiver und negativer Weltkritik verschont zu werden. Die Düsternis, Verderbtheit und Schlechtigkeit der Welt, ein Proprium der konservativen oder fundamentalistischen

Kirchenblätter, ist für den zeitgemäßen Gemeindeleiter kein Thema. Zeitgemäße Gemeindeleiter zeichnet wesentlich eine positive Einstellung zur Vielgestaltigkeit der modernen Welt und der Menschen, die sich darin bewegen, aus.

Auch wenn dies nicht verallgemeinert werden darf und kann: Der empirische Befund legt nahe, dass zeitgemäße Gemeindeleiter zu denjenigen gehören, die innerkirchlich den vorauseilenden Gehorsam praktizieren. Womöglich wurde dieser kreative Begriff sogar von einem dieser Amtstypen erfunden. Bei ihnen gab es vermutlich schon Ministrantinnen, als das weder römisch abgesegnet war, noch unter das Gewohnheitsrecht fiel. Auch die »Laienpredigt« ist zeitgemäßen Gemeindeleitern kein Problem. Wenn es Menschen in der Pfarrgemeinde gibt, die dieses Charisma und womöglich noch die Ausbildung dafür haben und von daher diesen Dienst qualifiziert ausüben können, dürfen sie das auch tun. Eine offen gestaltete Liturgie, auch mit Mut zum Experiment und zur Weiterentwicklung, gehört zu ihren Stärken: Kinder haben darin genauso ihren aktiven Platz mit den entsprechenden Gestaltungsmöglichkeiten wie auch Jugendliche oder einzelne Gruppierungen in der Pfarrgemeinde. Vermutlich kann man in Gemeinden von zeitgemäßen Gemeindeleitern auch lernen, wie das Sakrament der Taufe vom randständigen Familienfest in die Mitte der Gemeinde kommen kann und welche Konflikte sich dabei entwickeln.

Sie sind kollegiale Vorgesetzte, die mehr ausdiskutieren als anordnen, was ihnen möglicherweise als

Führungsschwäche ausgelegt werden könnte und es vielleicht auch ist. Zeitgemäße Gemeindeleiter leiten nicht gerne, denn das bringt sie in ein unerwünschtes Gegenüber. Sie wollen in der Gemeinde stehen und meinen, dadurch keine Macht auszuüben. Zeitgemäße Gemeindeleiter begünstigen mit ihrer Vorliebe zur charismatischen Struktur der Kirche »korinthische Verhältnisse«: selbstbewusste Gemeindeglieder, die ihre Charismen kennen und gewohnt sind, sie mehr oder weniger lang in den Dienst der Gemeinde zu stellen. Männer und noch mehr Frauen, die ihrer Berufung auf der Spur sind, die deutlich sagen, was sie wollen, und ihre Interessen so artikulieren, dass dabei durchaus Konflikte riskiert werden. Gemeinden, denen ein solcher Pfarrer längere Zeit vorsteht, können bei einem Pfarrerwechsel ein »harter Brocken« für einen Nachfolger eines gänzlich anderen Typs sein. Wer sich damit schwer tut, sollte sich präventiv um Supervision oder Gemeindeberatung bemühen. Möglicherweise heißt es z.B. für zeitlose Kleriker, sich nicht in die unmittelbare Nachfolge eines Pfarrers zu begeben, der zum vierten Amtstyp gehört. Das gilt allerdings auch umgekehrt. Ein zeitgemäßer Gemeindeleiter kann in einer Pfarrgemeinde, die eine deutliche Führung hatte, (zumindest anfänglich) ein irritierendes Leitungsvakuum hervorrufen.

Der Dialog und eine dialogische Kirche ist dem zeitgemäßen Gemeindeleiter ein wesentliches Anliegen. Das garantiert, dass die Synodalität in seiner Gemeinde, bzw. seinen Gemeinden einen hohen Stellenwert einnimmt. Der Pfarrgemeinderat ist gefragt und hat etwas zu sagen. Mehr noch: Er ist kein reines Beratungsgremium, ihm wird Gestaltungsmacht eingeräumt, und dies nicht nur in Fragen der Änderung der Route der Fronleichnamsprozession. Das amtliche Vetorecht wird bei Pfarrern dieses Amtstyps eher keine Rolle spielen, da der Diskurs den Vorrang vor einsamen Entscheidungen hat. Zeitgemäße Gemeindeleiter sind interessiert an Netzwerken, einem Phänomen, das in den letzten zehn Jahren bedeutsam wurde und das seine vorläufige Aufgipfelung im »Internet« gefunden hat. Netzwerke wiederum sind konstitutiv auf gleicher Ebene. Sie stehen jeglicher Hierarchisierung diametral entgegen.

In der Organisation kommt dem zeitgemäßen Gemeindeleiter die Position des oft anstößigen Grenzgängers zu. Das ist – ähnlich wie das Wächteramt beim zeitlosen Kleriker – eine undankbare Aufgabe. Grenzgänger befinden sich an den Rändern des Systems. Sie sind neugierig und wagemutig mit wenig Verbindung zu den Machtzentren. Zeitgemäße Gemeindeleiter haben es schwer, innerkirchlich Karriere zu machen, und wollen das womöglich auch nicht. Als Grenzgänger sind sie experimentierfreudig und damit anstößig. Sie suchen die Begrenzungen der Organisation durch bewusste Grenzübertritte auszuweiten. Das bringt ihnen im Normalfall Kritik und Sanktionen ein. Für eine naturgemäß unbewegliche Großorganisation wie die Kirche sind aber Grenzgänger unbedingt vonnöten, weil sie Reformpotential bergen und sehen, was sich außerhalb der Grenzen an »Wahrem und Gutem« (und damit als Gabe Gottes an die Kirche: »Lumen gentium« 16) verbirgt und befindet.

Die größte Gefährdung des zeitgemäßen Gemeindeleiters ist, dass er sich in die Gemeinde einnivelliert und dadurch seine amtlichen Aufgaben nicht mehr profiliert. Natürlich ist das Gegenübersein nicht die einzige amtliche Aufgabe des Priesters. In dieser Hinsicht ist auch auf die Propheten und Prophetinnen in der Gemeinde Verlass. Doch muss der Priester aufschreien, wenn ein Pfarrvolk ähnlich fremdenfeindlich wird wie große Teile der Bevölkerung des eigenen Landes. Er muss protestieren, wenn es Gewalt gegen Frauen und Kinder gerade bei erzkatholischen Männern gibt.

Die Gefährdung des zeitgemäßen Gemeindeleiters besteht darin, auch dann nicht mehr amtlich auftreten zu können, wenn z.B. die synchrone oder diachrone Einheit der Gemeinde gefährdet ist. Es gibt ja immer wieder kleine Gruppierungen in den Gemeinden – ob im linken oder rechten Lager angesiedelt –, die ihre Weltanschauungen »ex cathedra« verstanden haben wollen mit der Unfehlbarkeit, wie es das Erste Vatikanische Konzil dem Papst zuschreibt. Solche Situationen oder auch Konflikte anderer Art verlangen jedoch ein klares und kantiges Gegenüber. Kurzum: Fragt man einen zeitgemäßen Gemeindeleiter, wozu er geweiht ist, tut er sich mit der Antwort schwer.

Theologische Entwicklungslinien

Die Palmenstadt Jericho gilt – einem nicht ausrottbaren Gerücht zufolge – als die älteste Stadt der Welt. Am Rande des heutigen Ortes, der zum palästinensischen Autonomiegebiet gehört, findet sich der »Tell es-Sulṭān«. Das ist der Hügel, der die Besiedelungsgeschichte Jerichos von seinen Anfängen an birgt. Eine vertikale Schnittgrabung, die von Archäologen dort durchgeführt wurde, zeigt in aller Deutlichkeit, dass Geschichte auch als eine Abfolge verschiedener Schichten zu verstehen ist. Das Ge-Schichte am Tell es-Sulṭān in Jericho gibt Einblick in friedliche Zeiten pulsierenden Lebens mit großer Bautätigkeit und zeigt Zerstörungen durch kriegerische Einfälle. Es offenbart Brände, Phasen der Nichtbesiedelung sowie unablässigen Neuanfang und Wiederaufbau. Mit ein wenig Phantasie lässt sich das über Jahrtausende währende Auf und Ab einer Ortschaft anhand der Schnittgrabung nachvollziehen.

Etwas modifiziert in der Methode und den Werkzeugen bringt eine »vertikale Schnittgrabung« in die Kirchengeschichte auch bei den vier Amtstypen der Priesterumfrage Aufschlussreiches zu Tage. Trägt doch jeder Amtstyp Merkmale aus jener Zeit an sich, der er sich auf der Zeitlinie zuordnen lässt. Auf der Suche nach den theologischen Gestaltungskräften der vier Amtstypen werden exemplarisch Textbausteine aus Konzilien oder Synoden vorgestellt.

Der Pastor bonus

Die Verortung in der Geschichte beginnt mit dem zeitlosen Kleriker. Zwei Spuren sind dabei von besonderem Interesse: das Selbstverständnis im Hinblick auf die sakramentale Dimension des Amtes und eng damit verbunden die Lebensweise und Spiritualität. Beim zeitlosen Kleriker finden sich im Amtsverständnis Elemente, die aus dem Tridentinischen Konzil und seinen Dokumenten stammen. Im Zuge der Rezeption dieser Kirchenversammlung entwickelte ihr Amtsverständnis derart prägende und bestimmende Akzente, dass sie bis in unsere Tage Priesterbilder figurieren.

In der Zeit vor dem Tridentinum, vor allem im Spätmittelalter, war die Lage des Klerus in mehrfacher Hinsicht sehr desolat. Die Eucharistie – eine der priesterlichen Zentralaufgaben – wurde schon längere Zeit vor allem als Opfer verstanden, das man für jemanden darbringen konnte. Messen konnten bestellt werden und das Lesen der Messe war für die Kleriker eine ihrer dürftigen Einnahmequellen. Zu viele Priester – im Normalfall der lateinischen (Liturgie)Sprache kaum kundig und auch sonst nur sehr dürftig ausgebildet – versuchten wenigstens kleine Krumen des nicht sehr üppigen kirchlichen Kuchens zu erhalten. Glücklich schätzen konnte sich, wer ein Benefizium hatte oder den Zehnten für sich einfordern konnte.

Häufiger war es jedoch der Fall, dass eine große Zahl von Priestern keine Pfründe hatte, die der Grundversorgung dienten. Sie waren »Altaristen«, hielten Votivmessen oder Messen für die Stifter von Spitälern oder Altären in den aufstrebenden Städten. Zudem wurde es Brauch, für die Seelenruhe von Verstorbenen Messstiftungen zu errichten, die gelesen werden mussten. Auch wenn der Messbedarf hoch war und zudem ergänzt wurde durch eine Vielzahl an Sakramentalien: Die Einkünfte aus den Messstipendien reichten im Normalfall kaum zum Leben. Wer zur Gruppe der Vikare oder Altaristen gehörte, musste sich für seinen Lebensunterhalt anderweitig verdingen. Lebensumstände prägten das Amtsbild. Ein Teil des Klerus verkam und proletarisierte. Der Klerus war aufgespalten in den zahlenmäßig kleinen »hohen Klerus«, der im Normalfall dem Adel entstammte und ein elitäres Leben führte, und dem schlecht gebildeten niederen Klerus, der in Armut lebte und meist nur eine flache liturgische Grundbildung aufwies. Den damit verbundenen Missständen wie vermehrter Alkoholabhängigkeit, rohen Sitten, Konkubinat und mangelnden oder falsch gesetzten Akzenten in der Glaubensunterweisung versuchte das Konzil von Trient entgegenzuwirken.

Neben der Auseinandersetzung um das priesterliche Selbstverständnis mit den Reformatoren nahm sich das Konzil um eine neue Form der Priesterbildung und damit indirekt auch um ein neues Priesterbild an. Aus diesem Grund wurde 1563 das Seminardekret erlassen. Der Klerus sollte fortan in Seminarien zum Dienst ausgebildet und vorbereitet werden. Sie waren gedacht als Pflanzstätten im wahrsten Sinne des Wortes, um die intellektuelle Bildung sowie wahre Frömmigkeit zu fördern und ein gewisses theologisches

Grundniveau an Ausbildung zu gewährleisten. Dieses Dekret, das sich nur mühsam in den einzelnen Ländern und Bistümern umsetzen ließ, war die Grundlage für ein sich formendes Einheitsbild vom Klerus bzw. Priester. Was in den Anfängen stark in der Hand der Jesuiten lag, nahm später – ausgehend von Frankreich – eine spezifische spirituelle Prägung an, die entscheidend von den Sulpizianern geformt wurde. In landestypischen Varianten gab es das aus gemeinsamer Erziehung resultierende einheitliche Priesterbild wohl bis in die Mitte des 20. Jahrhunderts. Ein Höhepunkt lässt sich in dieser Hinsicht im 19. Jahrhundert verzeichnen, als die Seminarien – ob unmittelbar tridentinisch oder nicht – in allen Bistümern der Normalfall für die Priesterausbildung waren. Für die Formung eines bestimmten Priesterbildes trugen auch Lehrbücher das ihre bei. Wichtig wurde z. B. das weit verbreitete Werk von Johannes Opstraet mit dem Titel »Pastor bonus«, das mit seiner genauen Anleitung prägend wirkte. Ein sehr reglementierter Tagesablauf, Gehorsam und strenge Disziplin wurde in den Seminarien praktiziert und eingeübt. Fromme, weltabgewandte, ausschließlich mit der cura animarum und der Verwaltung der Sakramente befasste Priester sollten herangebildet werden. Zudem moralisch hochstehend und einem weltpriesterlichen Vollkommenheitsideal nachstrebend: Solche Priester sollten die Kirche, darin aber vor allem aber Jesus Christus repräsentieren. Und solche Priester sollten – zumindest indirekt – auch dem Stand der Kleriker wieder zu Ansehen verhelfen. Ganz im Sinne wie Johann Michael Sailer, Pastoraltheologe und Bischof von Regensburg im Jahre 1812 in einer seiner Vorlesungen zur Pastoraltheologie das Ideal des guten Seelsorgers beschreibt: »Weil er himmlisch gesinnt ist, so lebt er ganz für seine Gemeine, das heißt, sucht den himmlischen Sinn überall und zunächst in seiner Heerde zu verbreiten. Er ist jedem das, was er seyn kann, dem Unwissenden ein Lehrer, dem Armen ein Tröster, dem Unterdrückten ein Retter, dem Waisen ein Vater, der Witwe ein Vertheidiger, ist sich ganz – allen schuldig.« (I 31f.)

Der Amtstyp des zeitlosen Klerikers verkörpert einiges von diesem Ideal des frommen Seelsorgers, der sich nicht so ohne weiteres unter die Seinen mischt, sondern wie ein guter Hirte den Seinen nachgeht, für sie bittet und darum besorgt ist, dass niemand verloren geht. Die hohe Bedeutung, die z.B. das Bußsakrament bei der Gewichtung der priesterlichen Tätigkeiten in der Studie **PRIESTER 2000**© bei der Gruppe der zeitlosen Kleriker im Vergleich zu den anderen Amtstypen einnimmt, weist darauf hin. Gleiches gilt für den hohen Stellenwert der Aussage, dass es eine Stärke des priesterlichen Amtes sei, Menschen zu Gott zu führen.

Martin Luther hatte 1520 u.a. in seiner Schrift »Die babylonische Gefangenschaft« der Priesterweihe die Sakramentalität abgesprochen und sie in einem Atemzug mit den Sakramentalien als kirchlichen Brauch bezeichnet. Das Priestertum ist für ihn vor allem funktionell, ein Priestertum des Dienstes, das keinen character indelebilis in sich trägt. Das gemeinsame Priestertum stellt er – gegen das hierarchische Priestertum – als das eigentlich Grundlegende am Kirchenbild heraus. Auch gegen das herkömmliche Verständnis des Opfercharakters der Messe zieht Martin Luther zu Felde, weil für ihn damit das »ein für allemal« der Hingabe Christi, wie es der Hebräerbrief formuliert, nicht geachtet wird. Die Messe ist für ihn kein Sühneopfer, das der Priester zur Vergebung der Sünden darbringt. Er wendet sich zudem gegen die dingliche Sicht, dass die Messfeier der Herbeiführung der Realpräsenz Christi dient. Die Eucharistie ist für ihn ein Sakrament im Sinne einer Gabe, die Gott uns darbietet. Sie hat Ereignischarakter.

Das Konzil von Trient betonte in klarer Abgrenzung zu den Aussagen der Reformatoren, dass das neutestamentliche Priestertum sakramental, weil von Christus eingesetzt ist: »Wer sagt, der Weihestand bzw. die heilige Ordination sei nicht wahrhaft und im eigentlichen Sinne ein von Christus eingesetztes Sakrament, oder sie sei eine menschliche Erfindung, ausgedacht von Männern, die kirchlicher Dinge unkundig waren ... der sei mit dem Anathema belegt« (Denzinger-Hünermann Nr. 1773).

Ähnliches gilt für den character indelebilis (Kapitel 3 »Über die Sakramentalität der Weihe«, Denzinger-Hünermann Nr. 1767) sowie den Opfercharakter der Messe. »Wer sagt, das Messopfer sei lediglich ein Lob- und Dankopfer oder ein bloßes Gedächtnis des am Kreuze vollzogenen Opfers, nicht aber ein Sühnopfer; oder es nütze allein dem, der es empfängt; und man dürfe es auch nicht für Lebende und Verstorbene, für Sünden, Strafen, zu Genugtuung und für andere Nöte darbringen, der sei mit dem Anathema belegt« (Denzinger-Hünermann Nr. 1753).

Opfer und Priestertum wurden im Tridentinischen Konzil auf engste miteinander verwoben. »Opfer und Priestertum sind nach Gottes Anordnung so verbunden, dass es in jedem Bunde beides gibt« (Denzinger-Hünermann Nr. 1764). Damit war einer Sazerdotalisierung Tür und Tor geöffnet. Der Priester wird in erster Linie als »Opferpriester« verstanden. Er repräsentiert Christus, wenn er die Wandlungsworte spricht. Er ist der »alter Christus«, aus den Menschen genommen und zum heiligen Dienst aus der Welt ausgesondert.

Bei den zeitlosen Klerikern lassen sich viele Anteile von dem wiederfinden, was das Konzil von Trient aufgrund der Auseinandersetzung mit den Angriffen durch die Reformatoren für die sakramentale Seite des Priesterbildes profiliert hat. Die Einsetzung des Amtes durch Christus, die Weihe sowie die repraesentatio Christi nehmen bei dieser Gruppe einen hohen Stellenwert ein.

Der Pontifex

Einiges davon findet sich auch im Amtsverständnis des zeitoffenen Gottesmannes, jedoch in weiterentwickelter Form. Grundlegend für diesen Amtstyp ist das Verständnis von Kirche, wie es beim Zweiten Vatikanischen Konzil errungen, beschrieben und beschlossen wurde: Das Zweite Vatikanische Konzil wollte in der katholischen Tradition seiner eigenen Geschichte keine Brüche verursachen, sondern durch Erneuerung tiefer in das Evangelium und damit verbunden auch in das Grundverständnis von Kirche eindringen. Dennoch haben die Optionen der Konzilsväter Umbrüche im Kirchenbild mit sich gebracht, die sich auch auf das priesterliche Amtsverständnis auswirken.

In den Dokumenten des Zweiten Vatikanischen Konzils wird im Zusammenhang mit den Priestern in den meisten Fällen von »Presbytern« gesprochen. Damit ist ein wichtiger Seitenwechsel vollzogen, der in der deutschen Übersetzung leider nicht als Veränderung zu registrieren ist. Der neutestamentliche Terminus vom Presbyter ersetzt die Verwendung von »sacerdos«, des Kultpriesters alttestamentlicher Provenienz. Im Neuen Testament kommt der Titel »sacerdos« lediglich Christus zu, um das Besondere des Priestertums Christi hervorzuheben. Alle anderen (Leitungs-)Verantwortlichen waren entweder Lehrer, Episkopen, Vorsteher, Älteste (Presbyter) oder auch die mit dem Amt der Steuerung beauftragten, die »Kybernetiker« (vgl. 1 Kor 12,28). Erst gegen Ende des zweiten Jahrhunderts findet sich bei Tertullian die Bezeichnung »sacerdos« für Presbyter und Episkopen. Das Verständnis des Priesters im kultischen Sinne nimmt von da an unaufhaltsam seine Entwicklung bis hin zum Kult- und Opferpriester tridentinischer Ausformung. Das Tridentinische Konzil und alle amtlichen Dokumente bis vor dem Zweiten Vatikanischen Konzil verwenden für Priester grundsätzlich das lateinische Substantiv »sacerdos« oder aber den Standestitel »Kleriker«. Der Rückgriff in die biblische Tradition durch das Konzil ist deshalb mehr als »nur« ein Namenswechsel. Er markiert ein erneuertes Selbstverständnis und ist damit Programm, das sich auch auf die Zuschreibung der Aufgaben auswirkt.

Das Dekret über Dienst und Leben der Priester, »Presbyterorum ordinis« gewichtet die amtlichen priesterlichen Funktionen anders. Dieses Dekret steht im Zusammenhang mit »Lumen gentium«, der dogmatischen Konstitution über die Kirche, und »Sacrosanctum concilium«, der Konstitution über die Heilige Liturgie. In »Lumen gentium« wird das gemeinsame Priestertum aller Gläubigen an erster Stelle betont. Damit wird – in Frieden – auf- und angenommen, was fünfhundert Jahre früher von den Reformatoren theologisch gut erkannt und von den Konzilsvätern der damaligen Zeit aus vielerlei Gründen abgewehrt wurde. Auf der Grundlage des gemeinsamen Priestertums, das allen durch die Taufe geschenkt wird, erfolgt die Differenzierung in die verschiedenen Ämter sowie die signifikante Benennung des Dienstcharakters für das Weiheamt.

Die Liturgiekonstitution wiederum verbindet den einseitigen Opferaspekt aus dem Messverständnis des Tridentinums mit dem Mahlcharakter. Die Eucharistie ist Opfergeschehen in der Form eines rituellen Mahlvorgangs. Und die Eucharistie stiftet Gemeinschaft: mit dem dreieinigen Gott und mit dem Leib Christi, das heißt, sie stiftet Kirche. Der Liturge ist Christus, der irdisch sichtbare »Liturge« die Kirche, die Gemeinschaft der Gläubigen als Ganze, Priester und Laien. Dies ist eine deutliche Veränderung gegenüber dem Verständnis des Tridentinums und weist dem Vorsteher der Liturgie eine veränderte Rolle zu.

So ist es nur folgerichtig, dass die presbyteralen Aufgaben in anderer Schwerpunktsetzung beschrieben werden. Das priesterliche Amt wird von der sakramentalen Überbetonung entlastet und auf eine breitere Basis gestellt. An erster Stelle der »Aufgabenbeschreibung« für die Geweihten steht nun die Verkündigung. Sie ist wie einer der zwei Brennpunkte einer Ellipse zu verstehen: in enger Beziehung zum sakramentalen Handeln. »Das Volk Gottes wird an erster Stelle geeint durch das Wort des lebendigen Gottes, das man mit Recht vom Priester verlangt. Da niemand ohne Glaube gerettet werden kann, ist die erste Aufgabe der Priester als Mitarbeiter der Bischöfe, allen die frohe Botschaft zu verkünden, um so in der Erfüllung des Herrenauftrags: ›Gehet hin in alle Welt, und verkündet das Evangelium allen Geschöpfen‹ (Mk 16,15), das Gottesvolk zu begründen und zu mehren« (Presbyterorum ordinis 4).

Am zweiten Priestertyp der Studie **PRIESTER 2000©**, dem zeitoffenen Gottesmann, wird deutlich, wie Kirchenbild des Zweiten Vatikanums und priesterliches Amtsverständnis einander entsprechen. Priestern, die sich von ihrem Selbstverständnis her im Umkreis des Amtstyps des zeitoffenen Gottesmannes befinden, ist die geschichtliche Entwicklung des Amtes präsent. Die unmittelbare Einsetzung durch Christus spielt für sie keine gewichtige Rolle. Sie verstehen sich sowohl als (amtliche) Repräsentanten Christi wie auch der Gemeinde. Die spürbar stärkere Ausrichtung auf die Gemeinde und Zugehörigkeit zur Gemeinde, die sich beim zeitoffenen Gottesmann zeigt, atmet zweifellos den Geist des Zweiten Vatikanums. Zeitoffene Gottesmänner bewegen sich gleichsam im Wiegeschritt durch die Amtsgeschichte. Sie verstehen ihr Amt einerseits als repraesentatio Christi, fühlen sich aber andererseits für die Einheit der Gemeinde verantwortlich. Das gemeinsame Priestertum hat – sichtbar an der hohen pastoralen Wertschätzung der Laien – für sie einen gewichtigen Stellenwert. Bei der grundsätzlichen Gewichtung der priesterlichen Tätigkeiten steht die Verkündigung – nach der Sonntagsmesse mit der Gemeinde – für diese Gruppe von Priestern an zweiter Stelle.

Der Pastoralprofi

»Es gab eine Zeit, da war ein Ritter ein Ritter, ein Bauer ein Bauer und ein Pfarrer ein Pfarrer. Und auch wenn er ein unfähiger oder sogar ein schlechter Pfarrer war, war er dennoch unbestritten und vor sich selbst ein Pfarrer. Inzwischen haben sich die Zeiten grundlegend geändert.« So eröffnet Hermann Stenger in Anlehnung an ein Zitat von Peter L. Berger das Thema Identität pastoraler Berufe. Die Zeiten haben sich geändert.

In jeder Gesellschaft galt eine gute Ausbildung als Grundlage für gesichertes Erwerbsleben. Normalerweise genügte, was man in der Ausbildung als soliden Grundstock an beruflichem Wissen und Können erwarb für die weitere Zeit der beruflichen Tätigkeit. Wer einigermaßen ein Gespür für das Leben hatte, konnte die Erfahrungen, die ihm oder ihr im Laufe des Lebens zufielen, gut in das integrieren, was man ursprünglich gelernt hatte. Geschätzt wurde als Ratgeber, Lehrmeister bzw. Lehrmeisterin, wer viel Erfahrung gesammelt hatte. Das hieß, dass die Älteren auch im beruflichen Kontext Wertschätzung erfuhren und nicht zum alten Eisen gehörten. Die Zeiten haben sich geändert, vor allem durch die rasante wirtschaftliche Entwicklung.

In den Sechzigerjahren segelte die damalige Gesellschaft auf der Welle hohen Wirtschaftswachstums in den Wohlstand. Das deutsche Wirtschaftswunder boomte. In der westlichen Welt war der Glaube an den technischen Fortschritt ein starker Antriebsfaktor. Damit verband sich zugleich ein ungebrochener Optimismus, die Probleme von Armut und Hunger durch technische Entwicklung beseitigen zu können. Diese Euphorie lässt sich bis in das Konzilsdokument »Gaudium et spes« hinein verfolgen. Die Ressourcen der Erde schienen unbegrenzt zu sein. Die Beschädigung und Zerstörung der Mitwelt durch die Industrialisierung und Ökonomisierung war für die meisten jenseits aller Vorstellungen. Diese Industriegesellschaft entwickelte sich zunehmend zur arbeitsteiligen Leistungsgesellschaft, die sich immer mehr differenzierte. Spezialisierung war und wurde ein wichtiges Stichwort. Die Auflösung der traditionellen geschlossenen Milieus der agrarischen Gesellschaft war damit endgültig vollzogen. Wer sich nicht spezialisierte, konnte der Konkurrenz meistens nicht standhalten. Es bestand somit auch ein wirtschaftlicher Zwang zum Spezialistentum. Wer sich spezialisierte, musste sich dafür im

Normalfall weiterqualifizieren, Zusatzausbildungen machen, Kurse belegen.

Das Thema der Professionalisierung berührte die Kirchen genauso, wie es auch im öffentlichen Leben vorhanden war. Es tauchte im kirchlichen Bereich gegen Ende der Sechzigerjahre auf und betraf zu diesem Zeitpunkt in erster Linie die Priester. Das Stichwort der Professionalisierung kam bei einem Teil der Priester an, bei anderen erzeugte es Abwehr und Angst.

Manche jungen Kapläne waren über das Theologiestudium hinaus mit den Sozialwissenschaften in Berührung gekommen oder daran sehr interessiert. Sie begaben sich zum Teil in Zusatz- oder Zweitstudien. Psychologie, Pädagogik, Sozialpädagogik und Soziologie waren gefragte Studiengänge. Zumindest Grundkenntnisse in Psychologie und Pädagogik konnte man sich auch autodidaktisch über das Studium einschlägiger Literatur erwerben, die zunehmend am Markt erschien. Ein anderer Teil der Priester wiederum war durch die Umwälzungen des Zweiten Vatikanischen Konzils in der beruflichen Rolle sehr verunsichert und zog sich zurück oder ging auf brüderlichen Konfrontationskurs. In einem Schreiben von Julius Kardinal Döpfner an die Priester der Erzdiözese München-Freising aus dem Jahr 1968 klingt diese Spannung an. »Ich kann mir nicht verhehlen, dass längst nicht mehr jene selbstverständliche Übereinstimmung und jener Zusammenhalt im Klerus vorgefunden werden, die früher einmal seine große Stärke waren. Es ist in allen Diözesen die gleiche Situation: Meinung steht gegen Meinung. Die Unterschiede, um nicht zu sagen Gegensätze der Generationen in Einstellung und Auffassungen sind schärfer geworden. Die Folge davon ist das Aufkommen gegenseitigen Misstrauens, Vereinzelung, Isolierung, Vereinsamung und Resignation. Ganz abgesehen davon, dass viele von uns unter diesem Zustand leiden, geht von uns oft nicht mehr genügend Strahlkraft aus.« Man befürchtete u. a., durch die Professionalisierungsdebatte werde der Priesterberuf zu einem Beruf neben anderen Berufen. Professionalisierung wurde vielfach mit Entsakralisierung gleichgesetzt. Man könnte also Priester auf Zeit oder auch nebenberuflich als Priester tätig sein. Das wieder neu aufgenommene Experiment der Arbeiterpriester in Frankreich war für manche in dieser Hinsicht entweder ein gutes oder auch ein abschreckendes Beispiel.

Unter dem Professionalisierungsthema verbargen sich in den Anfängen Fragen der Methodenkompetenz. Die Fähigkeit also, Probleme zu erkennen, angemessene Lösungen für sie zu finden und diese Lösungen in die Praxis umzusetzen. Früher reichte dem Priester ein halbwegs vernünftiger Umgangsstil mit seinen Mitmenschen, bzw. man konnte als normales Gemeindemitglied auch gegen einen autoritären Polterer nichts ausrichten. Nun war auch bedingt durch eine neue Generation von Ehrenamtlichen und der langsam wachsenden Schar der hauptamtlichen Mitarbeiter und Mitarbeiterinnen zunehmend Sozialkompetenz im Bereich der Konfliktlösung, der Kommunikation und Kooperation notwendig. Theologische, liturgische und spirituelle Grundbildung allein genügten nicht mehr, um den wachsenden pastoralen Anforderungen gerecht zu werden. Wohl auch deshalb schuf die Freisinger Bischofskonferenz 1969 die Möglichkeit einer institutionalisierten theologischen Fortbildung in Freising.

Dass man durch die Priesterweihe nicht plötzlich einen Zuwachs an persönlichen Fähigkeiten erhält und sie allein von daher für eine qualitativ gute Seelsorge nicht ausreicht, das war auch den Konzilsvätern bekannt. Das Professionalisierungsthema findet sich im Stil der Dokumentensprache im Dekret »Presbyterorum ordinis«: »Außerdem sollen die Bischöfe einzeln oder gemeinsam nach geeigneteren Möglichkeiten suchen, dass alle ihre Priester regelmäßig, vor allem aber wenige Jahre nach der Priesterweihe, einen Kurs besuchen, der ihnen Gelegenheit bietet sowohl zur besseren Kenntnisnahme der Seelsorgsmethoden und der theologischen Wissenschaft wie auch zur Stärkung des geistlichen Lebens und für einen seelsorglichen Erfahrungsaustausch mit den Brüdern« (19). Ähnlich äußert sich auch 1975 die Gemeinsame Synode der Bistümer in der Bundesrepublik Deutschland im Beschluss »Dienste und Ämter«: »Alle hauptberuflich im pastoralen Gemeindedienst Tätigen: Priester, ständige Diakone und Laien sind verpflichtet, in regelmäßigen Abständen an diözesanen bzw. überdiözesanen Fortbildungsveranstaltungen teilzunehmen« (Anordnung 9). Auch das belegt nochmals eine Tendenz: Der Anspruch an die persönlichen Kompetenzen der Seelsorger ist notwendigerweise gewachsen.

Während 1980 bei der Umfrage »Religion im Leben der Österreicher« die Hälfte der Befragten sagte, ihr sei jede Person als Priester recht, wenn sie nur die entsprechende Fähigkeit und Einsatzbereitschaft habe, stieg die Zustimmung zu dieser Aussage im Jahr 2000 auf zwei Drittel der Befragten. Der damalige Universitätsprofessor Christoph Schönborn gab 1985 bei einer Studientagung der Österreichischen Bischofskonferenz zu bedenken, dass den Priestern zu viel an kommunikativer Kompetenz zu Lasten der sakramentalen Seite abverlangt würde. Er sagte:»Wir sind heute wieder, so scheint mir, in einer Art donatistischen Krise: Am Priester zählt die persönliche Qualität mehr als die sakramentale Qualifikation, die subjektiven Fähigkeiten mehr als die objektive sakramentale Befähigung.« Professionalisierung braucht also ein aufmerksames Herz, um nicht in die Profanisierung zu kippen. Das ist wesentlich eine spirituelle Aufgabe. Der Amtstyp des zeitnahen Kirchenmanns, der das Thema der Professionalisierung am stärksten aufgenommen hat, ist jedoch in dieser Hinsicht nicht sehr gefährdet: Gute Planung, Mitarbeiterführung, Organisation und Büromanagement sollen vor allem Freiraum für die Seelsorge schaffen. Beim zeitnahen Kirchenmann wird sichtbar, wie Berufung zum Beruf wird. An ihm macht sich die wachsende Professionalisierung am stärksten fest. Er nimmt auf, was pastoral notwendig ist. Leitung und Teamarbeit, Einführung in Menschenführung und Gruppenarbeit, Zeit- und Selbstmanagement sind neben zeitgemäßer Glaubensbegründung und seelsorglicher Begleitung Spitzenthemen auf der Fortbildungswunschliste bei den zeitnahen Kirchenmännern.

Der Bruder

»Wenn das Priestertum Christi zunächst einmal und grundlegend der Kirche als solcher, dem Volk Gottes als Ganzem mitgeteilt ist (so betonen die einen), dann steht der Priester nicht so sehr den Gläubigen gegenüber, er ist durch sein Amt weniger herausgehoben, sondern ist einer von ihnen, Bruder unter Brüdern; er steht mitten in der Gemeinschaft. Das wird bisweilen so stark in den Vordergrund gestellt, dass die Unterscheidung zwischen Priester und Nicht-Priester fast zum Verschwinden gebracht wird. Dass eine solche Sicht des Priestertums den Priester unsicher machen muss, liegt auf der Hand. Zur Unterstützung dieser Sicht wird häufig angeführt, dass man in der Vergangenheit die Weihe vor allem seinshaft-statisch auffasste und ihre eine den Priester umwandelnde, mit besonderen Kräften ausstattende Kraft beimaß; das habe den Klerikalismus begründet. Da sich aber diese Begründung als fragwürdig gezeigt habe, falle auch die Sonderstellung des Priesters fort.«

Julius Kardinal Döpfner beschreibt in diesem Brief aus dem Jahr 1968 an die Priester seiner Erzdiözese in verblüffender Klarheit Anteile des vierten Amtstyps der Studie **PRIESTER 2000**©. Es ist der zeitgemäße Gemeindeleiter. Dieser Amtstyp ist geschichtlich der jüngste, derjenige der am meisten Modernität und am wenigsten Kirchengeschichte an sich hat. Es gibt ihn erst seit dem Zweiten Vatikanischen Konzil. Alles Klerikale ist diesem Amtstyp fremd. Er kennt es höchstens im Modus der Negation. Seine Wurzeln hat der

zeitgemäße Gemeindeleiter zum einen in der Wiederentdeckung des gemeinsamen Priestertums. Die andere Quelle seines Amtsverständnisses ist das damit
verbundene Wissen um die charismatische Struktur
der Kirche. Sie kam ebenfalls durch das Zweite Vati-
kanum wieder in den Blick und hängt eng mit dem
wiedergewonnenen Stellenwert des gemeinsamen
Priestertums zusammen.

Das entscheidende Konzilsdokument dafür ist die
dogmatische Konstitution über die Kirche »Lumen gentium«. Zentral ist dabei die Aussage: »Wenn auch einige nach Gottes Willen als Lehrer, Ausspender der
Geheimnisse und Hirten für die anderen bestellt sind,
so waltet doch unter allen eine wahre Gleichheit in der
allen Gläubigen gemeinsamen Würde und Tätigkeit
zum Aufbau des Leibes Christi« (Lumen gentium 32,3).
Diese Aussage markiert eine Veränderung im Selbstverständnis der Kirche. Sie erweist sich als wirkmächtig und bringt – wo sie ernst genommen wird – eine
neue Qualität der Koinonia hervor. Alle, die zur Kirche
gehören, sind als Getaufte einander Bruder, Schwester.
Es gibt nicht mehr Hochwürdige und Unwürdige: Alle
sind in der Zugehörigkeit zur Kirche durch die
»Wiedergeburt in Jesus Christus« mit gleicher Würde
und Berufung ausgestattet.

Hier hat das Amtsverständnis des zeitgemäßen Gemeindeleiters eine erste Anbindung. Die Weihe hat für
die meisten Priester dieses Amtstyps einen nachge-
ordneten Stellenwert, die Einsetzung des Amtes durch
Christus überhaupt keinen. Wer zu diesem Amtstyp
gehört, beansprucht traditionell amtliche Tätigkeiten

zudem nicht exklusiv für sich. Taufe, Eheassistenz, aber auch die Krankensalbung können nach Einschätzung dieses Amtstyps Priester und Laien in gleicher Weise glaubwürdig vornehmen. Für die Predigt sagen dies sogar zwei Drittel der zeitgemäßen Gemeindeleiter. Ein Drittel meint, dass Laien glaubwürdiger Religionsunterricht halten können als Priester.

Eine Kirche, die sich ausschließlich vom Amt her definiert, wie es über Jahrhunderte der Fall war, absorbiert die Charismen ins Amt hinein. Das Amt kann erst dann wieder seinen ursprünglichen Platz im Gefüge der Vielfalt der Begabungen aller Getauften einnehmen, wenn Kirche von ihrem Selbstverständnis her mehr umfasst als die Amtsträger. »›Derselbe Heilige Geist ..., teilt den Einzelnen, wie er will‹ (1 Kor 12,11), seine Gaben aus und verteilt unter den Gläubigen jeglichen Standes auch besondere Gnaden. Durch diese macht er sie geeignet und bereit, für die Erneuerung und den vollen Aufbau der Kirche verschiedene Werke und Dienste zu übernehmen gemäß dem Wort: ›Jedem wird der Erweis des Geistes zum Nutzen gegeben‹ (1 Kor 12,7)« (Lumen gentium 12,2). Für das Amtsverständnis des zeitgemäßen Gemeindeleiters spielt die Wiederentdeckung der allen geschenkten Charismen eine ebenso wichtige Rolle wie die Betonung der gemeinsamen Würde. Für ihn ist die geschwisterliche Kooperation im konkreten Dienst wichtig. Zeitgemäße Gemeindeleiter sind von ihrem Grundverständnis her synodal ausgerichtet, sie geben dem Pfarrgemeinderat auch pastoral ein hohes Gewicht und treffen Entscheidungen nicht im Alleingang.

Der Beschluss »Dienste und Ämter« der Gemeinsamen Synode der Bistümer in der Bundesrepublik Deutschland von 1975 fußt auf jenen gemeindetheologischen Gedanken, die sich in »Lumen gentium« 26 finden. Gemeinde wird von den Mitgliedern der Synode als geistgewirkter und behausender Lebensraum derer beschrieben, die zur Verherrlichung Gottes und zum Dienst an den Menschen gerufen sind. Das biblische Bild vom Leib Christi ist dabei konstitutiv. Der amtliche Leitungsdienst akzentuiert sich darin nicht mehr in der Zuspitzung sakramental-missionarisch, sondern ekklesial-apostolisch. Amtliche Aufgabe ist demnach, so die Synode, »die Gemeinde und ihre Glieder zu ihrem eigenen Dienst bereit und fähig machen, Gemeinden gründen und leiten, der Gemeinde neue Glieder zuführen und für deren Einheit in Christus Sorge tragen (vgl. Eph 4,12)«.

Damit wird dem priesterlichen Amtsbild ein weiterer wichtiger Baustein hinzugelegt: Der in einer Pfarrei tätige »Pfarrer« wird spezifisch als Gemeindeleiter wahrgenommen. Die Gemeindeentwicklung wurde in der Zeit um die Synode und verstärkt ab Mitte der Siebzigerjahre zu einer zentralen Herausforderung. Man erhoffte sich mit einem beschleunigten Übergang von der (versorgten) Volkskirche zur gestalteten und gestaltenden Gemeindekirche einen starken Impuls für ein neues Selbstbewusstsein der Kirchenglieder. Ein wichtiger Gesichtspunkt war deshalb die unvertretbare Kirchenberufung aller. Die erwünschte Folge: ein entschiedeneres Engagement für den Dienst an und mit den Menschen aus dem Geist des Evangeliums. Die dazu gehörige Aussage ist einer der meist zitiertesten Sätze der Synode geworden: »Aus einer Gemeinde, die sich pastoral versorgen lässt, muss eine Gemeinde werden, die ihr Leben im gemeinsamen Dienst aller und in unübertragbarer Eigenverantwortung jedes einzelnen gestaltet.«

Gemeinde und Gemeindeleiter profilierten sich in den letzten dreißig Jahren als neue Schlüsselbegriffe, die nach guter Balance und einem stimmigen Zueinander verlangten. Ein Ergebnis nachkonziliaren Amts- und Charismenmanagements ist die »Ordnung der pastoralen Dienste« aus dem Jahr 1977. Die neu entstandenen und gewachsenen Berufsbilder sollten darin aufeinander bezogen und gegeneinander abgrenzt, das heißt, in geordnete Bahnen gebracht werden. Bis heute ist diese Herausforderung noch nicht zur Zufriedenheit aller Betroffenen bewältigt. Am deutlichsten zeigt sich das ungeklärte Profil bei der Berufsgruppe der Pastoralreferenten und Pastoralreferentinnen und zwar dann, wenn sie nicht kategorial eingesetzt sind, sondern in Pfarrgemeinden arbeiten. Der zeitgemäße Gemeindeleiter befindet sich von allen Amtstypen am stärksten im Strom dieser unbestimmten Zuordnung. Abgrenzungen sind für ihn schwer zu ziehen, amtliches Gegenüber gehört nicht zu seinem brüderlichen Grundverständnis.

Priester im Modernisierungsstress

Es gibt den Priester in der Einzahl nur in den Büchern der Regale. In den Büchern des Lebens gibt es dagegen eine bunte Vielfalt: zeitlose Kleriker, zeitoffene Gottesmänner, zeitnahe Kirchenmänner, zeitgemäße Gemeindeleiter. Von Zwischentönungen ganz abgesehen.

Das trifft zu, obgleich ein kirchliches Lehramt versucht, ein Priesterbild als das eine offizielle hinzustellen. Auch zwischen den Buchdeckeln hundertseitiger Priesterbücher lässt sich noch ein einziges Priesterbild darstellen und als das einzig akzeptable propagieren. Die Realität aber ist weicher, lebendiger, vielfältiger, schillernder.

Der Hinweis auf die rasche Entwicklung der Theologien des priesterlichen Dienstes – zumal in den letzten Jahrzehnten – erklärt nicht zufriedenstellend, warum von den Einzelnen eben solche amtstheologische Akzente gesetzt werden. Warum wird etwa in einer überschaubaren Diözese wie St. Gallen, Zagreb oder St. Pölten der eine (zu Füßen desselben Dogmatikprofessors sitzend) ein zeitloser Kleriker und der andere ein zeitgemäßer Gemeindeleiter – um nur die »Antipoden« zu nennen? Warum lebt der eine Priester eher mit einem tridentinischen, ein anderer mit einem vatikanischen, wieder ein anderer mit einem professionalisierten und neuerlich weitere mit einem gemeindlichen Amtsverständnis? Offensichtlich beweist durch seine theologische Präferenz jeder Priester zugleich eine Vorliebe für eine bestimmte »Zeit«: für eine frühere (des Tridentinums, des Vatikanums, das ja auch schon Geschichte geworden ist) oder für die heutige oder gar die künftige.

Eben dieser unterschiedlichen Platzierung der Priester in unterschiedlichen Zeiten sind wir in der Forschung aufmerksam nachgegangen. Dabei ergab sich: Was die vier Priestertypen neben ihren theologischen Vorlieben am meisten unterscheidet, ist ihre Haltung zur modernen Welt. Und die ist nicht nur folgenschwer für das »theologische Selbstverständnis«, sondern auch für das, was einer als Priester tut bzw. tun möchte.

Die Priester – und nicht nur sie – erleben zwischen der modernen Welt und der alten Kirche zumeist eine hohe Spannung. Das bringt sie dazu, einen Standort zu beziehen:

- Die einen nehmen den Standort der »alten Kirche« ein. Erkennbar wird dies in der Studie daran, dass dann die moderne Welt als eher glaubenslos bewertet wird. Das macht die einen pessimistisch, die anderen missionarisch-optimistisch.

- Andere von den vielen befragten Priestern hingegen beziehen angesichts der Spannung nicht den Standort der alten Kirche, sondern der modernen Welt. Leicht erkennbar ist diese Positionierung daran, dass die alte Kirche aus dem Blickwinkel der modernen Welt kritisiert wird.

Konzil

Nun hat mit eben dieser Spannung zwischen »alter Kirche« und »moderner Welt« gerade das Zweite Vatikanische Konzil gerungen. Eine abgeschottete Kirche wollte sich mit der »modernen Welt« kritisch-loyal zusammentun, damit das Salz des Evangeliums wieder mehr in die moderne Weltsuppe kommt. Priester, die heute rückblickend die Entwicklung vom Standpunkt der »modernen Welt« her sehen, sind mit den Entwicklungsperspektiven des Konzils zufrieden. Angesichts der konkreten Entwicklung sind sie aber »enttäuschte Konzilsreformer«.

Jene, die heute das Konzil vom Standort der »alten Kirche« aus bewerten, sind großteils zumal mit der reformbremsenden nachkonziliaren Entwicklung der letzten beiden Jahrzehnte zufrieden. Der Anteil derer, die Perspektiven und Entwicklung des Konzils zusammen verwerfen, ist im Klerus ganz klein.

Was zu tun ist

Je nach bezogenem Standort unterscheiden sich nun die Priester deutlich. Während die einen (von der Sicht der alten Kirche her) die moderne Welt für glaubensarm einschätzen und eine offensive Evangelisierung verlangen, fordern die anderen (vom Blickwinkel der modernen Welt her) eine rasche Modernisierung der alten Kirche. Eben diese erscheint aber den anderen wiederum als eine unbotmäßige Verweltlichung der Kirche, die der Verchristlichung der modernen Welt nichts bringe. Während also die einen der Welt Gott bringen wollen, möchten die anderen der Kirche moderne Strukturen einpflanzen. Und alle tun dies im Namen des Evangeliums, dem sie dienen.

Aber auch das trifft zu: Während den Weltkritikern die Freiheit in Gesellschaft und Kirche längst zu weit geht, fordern die Kirchenkritiker mehr Raum für und Respekt vor modernen Qualitäten in der Kirche: für Freiheit, für Mitbestimmung, für die freie Wahl der Lebensform, für stärkere Beteiligung der Frauen in Entscheidungsvorgängen, für die Achtung vor der Lebensart der Gleichgeschlechtlichen.

Die vier aufgespürten Haupttypen sind gleichsam auf einer Modernitätsskala aufgefädelt. Während die zeitlosen Kleriker gegenmodern sind, erweisen sich die zeitgemäßen Gemeindeleiter als hochmodern. Die zeitoffenen Gottesmänner nähern sich der Mitte der Skala von der Seite der zeitlosen Kleriker her, die zeitnahen Kirchenmänner hingegen von jener der zeitgemäßen Gemeindeleiter.

Priester haben somit nicht nur ein je eigenes theologisches Verständnis ihres Amtes, sondern auch ein maßgeschneidertes Verständnis des modernen Lebens. Zeitlose Kleriker sind dann weltabgewandt, zeitoffene Gottesmänner weltzugewandt. Zeitnahe Kirchenmänner sind weltgewandt. Zeitgemäße Gemeindeleiter sind weltverwandt. Die Vielfalt von Priestern, wie wir sie vorfinden, ist somit auch eine Folge der biographischen Auseinandersetzung mit der modernen Lebenskultur. Priester stehen im Modernisierungsstress.

Religiöse Elite – ein Bild der Kirche

Was hier an der religiösen Elite der katholischen Kirche sichtbar wird, spiegelt das Schicksal der Kirche als ganzer wider. Es bildet sich ab, wie sie mit dem Modernisierungsstress unterschiedlich fertig wird. Inmitten der herausfordernden Modernität werden nämlich auch von Christinnen und Christen höchst unterschiedliche Positionen bezogen. Da sind einerseits die Märtyrer der Modernität, die – gelegen oder ungelegen – die traditionellen Positionen der Kirche durchhalten und verteidigen. Daneben sind die »Friedenschristen«, den kommunistischen »Friedenspriestern« verwandt, die keine Gelegenheit zur Aussöhnung des Evangeliums mit der Moderne auslassen, auch wenn dabei höchst fragwürdige Kompromisse mit dem Zeitgeist getroffen werden müssen – wie zum Beispiel in der Unternehmensethik. Andere wieder trennen Alltagsleben und Evangelium säuberlich und drängen ihr christliches Leben zurück in die familiale Privatwelt oder in die unsichtbare Innenwelt. Das macht sie ebenso zu fragmentierten Christen, wie Priester Berufung und Beruf trennen. Aber es sind auch unter den Kirchenmitgliedern solche, die in einem ständigen Ringen versuchen, in flexibler Nachhaltigkeit auf ihre Weise und an je ihrem Ort die sich rasch entwickelnde moderne Kultur mit dem Sauerteig des Evangeliums zu durchdringen.

Verästelungen

Ob sich jemand von der »feindlichen« modernen Welt abwendet oder diese in riskanter Offenheit in sich einlässt, hat starke Auswirkungen. Denn von dieser Grundhaltung her werden Akzente im priesterlichen Wirken und in der Lebensinszenierung gesetzt. Die Zeitlosen wollen Gott zur Welt bringen. Verkündigung und Sakramente sind ihnen topwichtig. Missionarische Evangelisierung ist ihr Programm. Die Zeitgemäßen hingegen setzen auf Lebensbegleitung, sehen die Stärken des priesterlichen Dienstes in der Diakonie. Die einen wünschen für die Aus- und Fortbildung mehr Dogmatik, die anderen mehr Kurse in Führen und Leiten. Dazwischen liegen die Brückenbauer, die sich große Sorge um eine zeitgemäße Glaubensverkündigung machen.

Auswirkungen hat der Modernitätsgrad aber nicht nur auf die Akzente, die im priesterlichen Tun gesetzt werden. Massive Rückwirkungen hat der Modernitätsgrad eines Priesters auf das Zusammenspiel von Priestern und Laien und hier wiederum mit den Frauen. Die Zeitlosen sind der festen Überzeugung, dass es für die meisten wichtigen Aufgaben in der Kirche Priester braucht. Die Modernen hingegen geraten in Argumentationsnotstände, wenn sie erklären sollen, warum nicht letztlich alle Aufgaben von Laien wahrgenommen werden könnten.

Auswirkungen hat der Modernitätsgrad auf die Spiritualitäten der Priester und die Inszenierung des ehelosen Lebens. Beiden Teilthemen ist später ein eigenes Kapitel gewidmet.

Sekundärer Abwehrklerikalismus

Priester waren lange Zeit vom Klerikalismus gefährdet. Die Theologie hat dazu beigetragen. So schrieb das Kirchenlexikon des Jahres 1854: »Die Würde des Clerikers steht im Verhältniß zu der ihm übertragenen Amtsgewalt. Dogmatisch betrachtet ist die priesterliche Würde die denkbar höchste, eine durchaus eigenartige und wunderbare. Der Priester müßte bei abstracter Betrachtung seiner Würde nothwendig stolz werden.«

Abbau des alten Klerikalismus

Das Zweite Vatikanische Konzil hat solchem Klerikalismus gründlich entgegengewirkt. Es hat den Dienstcharakter jedes kirchlichen Amtes hervorgekehrt. Wer in der Kirche oben sein will, genauer wer oben sein muss, der soll wie ein Kellner im Wirtshaus sein. Oder auf gut österreichisch: Wer ein Oberer ist, muss wie ein Ober sein. Die Karriere nach unten, jene der Selbstentäußerung wurde zur spirituellen Richtschnur für Amtsträger. Amt und Fußwaschung wurden miteinander verknüpft. Leitung gilt heute als Dienstleistung an der Lebendigkeit kirchlicher Gemeinschaften. Dazu werden die Priester ausgebildet und trainiert.

Lebendig ist aber eine kirchliche Gemeinschaft in dem Maße, als die ihr von Gott »Hinzugefügten«

(Apg 2,47) bereit sind, das Leben der Kirche(nge-meinde) mitzutragen. Daher mühte sich die Kirche nach dem Konzil, bei den Mitgliedern das Bewusstsein zu fördern, dass sie aufgrund der Berufung durch Gott zur Kirche Miteigner und Miteigentümerin der Kirche sind. Mitwirken und gemeinsam planen gehören aber zusammen. Was in gemeinsamer Überlegung gefunden wird, ist dann eben ein gemeinsames Projekt aller Planenden. Sie werden sich dann eher dafür einsetzen, dass das Geplante auch umgesetzt wird.

Hinter dieser Ausweitung der Laienmitwirkung steht freilich nicht nur organisationsentwicklerische Klugheit. Auch theologische Argumente fordern und fördern die Beteiligung möglichst aller Kirchenmitglieder am Leben der Kirche in ihren Gemeinden und Gemeinschaften. Denn wenn Gott jemand zur Kirche hinzufügt, dann beruft er diese Person nicht nur, sondern gibt auch Begabungen zu Gunsten des kirchlichen Lebens: Charismen also. Jede und jeder ist berufen. Jede und jeder ist begabt. Eben diesen »Kirchenschatz« wollte das Konzil heben. Das ist auch großteils gelungen. Die Kirche hat heute in unseren Breiten so viele, die mitdenken und mitarbeiten, wie noch nie zuvor in der langen Pastoralgeschichte. Eine Kirche, die diesen »Schatz« der Menschen nicht hebt, verarmt. Kirche lebt nicht von Steinen, sondern von Beinen. Und viele Priester arbeiten an dieser Förderung einer Kirche des Volkes Gottes, welche die alte Gestalt der Priesterkirche ablöst. Sie wissen genau, dass es vielfältige Beratungen mit all jenen braucht, die dann auch Hand anlegen. Dazu muss man zusammenkommen. Das griechische Wort dafür heißt syn-odos. Synodalität zu fördern war daher ein wichtiges Ziel der Kirchenentwicklung. Zu Recht forderte der langjährige Vorsitzende des Rates der Europäischen Bischofskonferenzen, Kardinal Miloslav Vlk, dass bischöfliches Amt nur personal, kollegial und synodal ausgeübt werden könne, will es wirkmächtig sein. Dasselbe gilt auch für das priesterliche Amt.

Aber nicht nur diese theologischen Weichenstellungen des Konzils haben viele Priester nach dem Konzil geformt. Es sind auch kulturelle Kräfte, die in diese Richtung weisen. Demokratisierung aller Lebensbereiche ist ein wichtiges Anliegen der modernen Kultur. Diese ist unmittelbar daran geknüpft, dass der einzelne Mensch ernst genommen wird: Was den Einzelnen betrifft, soll von diesem auch mitgestaltet werden können. Diese Wertschätzung der einzelnen Person und seiner einmaligen Geschichte drängt auch in das Leben der Kirche. Viele verlangen dann die Demokratisierung der Kirche und meinen eben damit, dass keine Entscheidung ohne die Beteiligung der Betroffenen am Entscheidungsprozess gefällt werden soll.

Das theologische Ziel der Synodalisierung trifft sich hier mit dem kulturellen Anliegen der Demokratisierung. Dabei ist Synodalisierung noch radikaler als Demokratisierung. Denn Synodalisierung zielt auf »Einmütigkeit«. Die Demokratie lebt notgedrungen oft von umstrittenen Mehrheitsentscheidungen. »Einmütigkeit« heißt, Lösungen zu suchen, bei denen es keine Verlierenden gibt.

Die Priesterstudie zeigt nun, dass in all diesen Fragen der Kirchensynodalisierung die einzelnen Amtstypen sehr unterschiedlich denken.

Die meisten Priester können folgenden Aussagen zustimmen: »*Ich halte den Pfarrgemeinderat für notwendig.*« – »*Die Zusammenarbeit mit Ehrenamtlichen erlebe ich problemfrei.*« – »*Der priesterliche Dienst ist inhaltlich (nicht) ärmer geworden, seit Laien in der Kirche mitarbeiten.*«

Auf der rhetorischen Ebene sind alle befragten Priester weithin synodal gesinnt. Doch verbindet sich solche synodale Rhetorik oftmals mit einer wenig synodalen Grundstimmung. Diese kommt in der Studie in folgenden Positionen zum Vorschein: »*Die letzte Verantwortung für die Leitung einer Gemeinde muss immer ein Priester haben.*« – »*Der Pfarrer muss gegenüber seinem Pfarrgemeinderat ein Veto-Recht haben.*« – »*Die Leitung des Pfarrgemeinderates sollte immer ein Priester haben.*« – »*Viele Laien diskutieren heute in der katholischen Kirche über Fragen, über die nur Priester berufenerweise sprechen können.*«

Zeitlose Kleriker können diesen synodalitäts-skeptischen Aussagen weit mehr abgewinnen als die zeitgemäßen Gemeindeleiter. Die übrigen zwei Amtstypen platzieren sich dazwischen. Das entspricht den Stärken der einzelnen Amtstypen. Die zeitlosen Kleriker stehen für das Gegenüber zur Gemeinde. Die zeitgemäßen Gemeindeleiter erleben sich als Bruder unter Schwestern und Brüdern. Die zeitlosen Kleriker tun sich mit Synodalisierung schwer. Die zeitgemäßen Gemeindeleiter hingegen haben es (zu) leicht.

Die zeitlosen Kleriker könnten in der Schule der zeitgemäßen Gemeindeleiter Synodalität lernen. Zeitgemäße Gemeindeleiter hingegen wären gut beraten, gekonnt Führung und Leitung wahrzunehmen. Denn gedeihliche Synodalität braucht mehr Leitung als eine autoritativ straff geführte Organisation.

Neuer Abwehrklerikalismus

Die Studie bringt also gute Nachrichten. Der alte Klerikalismus schwindet lautlos dahin. Zugleich aber deckt die Priesterumfrage eine neue Art von Klerikalismus auf: den »sekundären Abwehrklerikalismus«.

Es ist kein primärer Klerikalismus: also geboren aus dem Streben nach Macht, aus Standesdenken und Überheblichkeit der Kleriker über die Laien. Er ist auch nicht – wie der alte – primär theologisch genährt. Jetzt folgt nicht mehr aus der Ordination der Priester die Subordination der Laien.

Vielmehr ist dieser neue Klerikalismus sekundär: Er steht in einem größerem Zusammenhang. Er ist eine unerwünschte Nebenwirkung einer anderen Entwicklung. Zudem hat er viel weniger als der alte Klerikalismus eine überheblich-aggressive Grundgestalt. Vielmehr ist er ängstlich-abwehrend. Wogegen? Da gilt es etwas auszuholen. Die raschen Veränderungen in der Rolle des priesterlichen Dienstes, des Priesterberufs sind übersichtlich darzustellen.

In der Zeit vor dem Zweiten Vatikanischen Konzil war der Dienst der Priester konzentriert auf die »Verwaltung der Sakramente« sowie das Amt des »Guten

Hirten« an den Menschen: Seelsorge also. Das Zweite Vatikanische Konzil reichert dieses tridentinische Amtsverständnis an. Jetzt kommen neue Aufgaben hinzu. Weil das Konzil neben dem Tisch der Sakramente auch den Tisch des Wortes reich gedeckt sehen wollte, wurde die Verkündigung aufgewertet und den Priestern ins Dienstbuch geschrieben. Dazu kam die neu bewertete Rolle der Laien im Gottesvolk. Priester sollten vor allem Charismen fördern, ermutigen, zur Eigenständigkeit erziehen und in ihrem Dienst unterstützen. Diese neue Aufgabe hängt auch mit der dritten neuen Dimension zusammen: der Entdeckung der Gemeinde in der katholischen Kirche. Jahrhundertelang galt Gemeinde als das Herzstück protestantischen Kirchenverständnisses. Es ist das Verdienst von Ferdinand Klostermann, viele Jahre Pastoraltheologe am ältesten Lehrstuhl für Pastoraltheologie an der Universität Wien (gegründet 1774), die Gemeinde theologisch und praktisch in der katholischen Kirche aufgewertet zu haben. 1965 schrieb er das bahnbrechende Buch »Prinzip Gemeinde«. Von dieser pastoraltheologischen Aufwertung der Gemeinde war der priesterliche Dienst nachhaltig betroffen. Denn jetzt ging es nicht nur um personbezogene Einzelseelsorge. Die priesterlichen Aufgaben wurden vielmehr angereichert durch organisationsbezogene Aufgaben der Leitung, der Förderung von Ehrenamtlichen, der Konfliktbearbeitung. Führung und Kooperation sind seitdem immer mehr wichtige Programme in der Priesterfortbildung geworden.

Die Jahre nach dem Konzil waren für die Priester deshalb so interessant, weil es eben um diese Anreicherung ihrer Tätigkeiten ging. Es wurde immer reichhaltiger und interessanter, Priester zu sein. Die Fähigkeiten mussten dazu gemehrt werden: in der Ausbildung ebenso wie in der Fort- und Weiterbildung. Die Ausbildungsordnungen der »ratio nationalis« aus den späten Siebzigern (z. B. die deutsche »Ordnung der pastoralen Dienste« aus dem Jahr 1977) sind ein hervorragender Beleg für diese reichhaltiger gewordene Priesterrolle.

Diese Aufbruchstimmung ist aber inzwischen unter den Priestern weithin geschwunden, sieht man von denen ab, die gute Kurse in Führung und Kooperation gemacht haben und neben vielen Fähigkeiten eine unternehmerisch-missionarische Grundstimmung »lernen«. Der Phase der Anreicherung der Priesterrolle ist nämlich eine Phase der drastischen Verarmung gewichen. Die Ursache dafür ist der wachsende Mangel an Priestern in »Ruf und Reichweite«. Dieser führt dazu, dass nicht nur Kleinstpfarreien nicht mehr besetzt werden können. Auch für größere Pfarrgemeinden, neuestens auch in Stadtgemeinden, steht kein Priester als Pfarrer mehr zur Verfügung.

Das hat – verständlicherweise – als Erste die rechtlich für die Ortskirchen Verantwortlichen auf den Plan gerufen. Sie haben ja die Pflicht sicherzustellen, dass jede rechtlich errichtete Gemeinde einen Pfarrer hat. Da die Bischöfe aber nicht mehr jeder Pfarrei einen Priester zuteilen konnten, wurde das Kirchenrecht geändert: Die Möglichkeit, einen Priester für mehrere Pfarreien zu bestellen, wurde geschaffen. So haben sich die Zeiten in wenigen Jahren gewandelt. Wurde in den Siebzigerjahren noch darum gerungen, die rechtliche Möglichkeit zu schaffen, dass mehrere Priester eine Pfarrei als Team leiten, geht es jetzt darum, dass mehrere Pfarreien von einem einzigen Priester verantwortet werden.

Diese erste Maßnahme wurde durch eine zweite notgedrungen ergänzt. Da die Seelsorgsräume immer größer wurden, für die ein einzelner Priester verantwortlich war, wurde die Möglichkeit geschaffen, dass an Ort und Stelle, in den einzelnen Pfarreien, Laien an priesterlichen Aufgaben beteiligt werden konnten (c. 517 § 2 CIC). Eigenwillige Wortungetüme entstanden. Ein priesterlicher Moderator im Hintergrund sollte »letztverantwortlich« sein, die laikalen Gemeindeleitenden vor Ort hingegen »ganzverantwortlich«.

Damit war eine spannende Entwicklung in Gang gesetzt. Vor allem die selbstbewussten Schweizer Laien mit dem Auftrag der Gemeindeleitung versuchten folgerichtig, ihre Zuständigkeiten auszuweiten: auf die Taufe, auf die Eheschließung und – weil der Zugang zum geforderten Vorsitz bei der Eucharistiefeier unerreichbar blieb – zumindest auf eucharistieähnliche Agapefeiern.

Immer mehr bislang an der Priesterrolle festgemachte Aufgaben wandern also unter dem Druck des Priestermangels in Richtung bestellter Laien ab. Das verursacht viele Fragen. Entsteht da nicht faktisch ein »Amt ohne Weihe«? Wie richtig diese Frage ist, kann daran abgelesen werden, dass diese »ungeweihten Laienpriester und Laienpriesterinnen« umgehend geweiht werden würden, wären sie ehelos und keine Frauen. Denn die übrigen Kriterien bringen zumindest die theologisch akademisch gut ausgebildeten Männer mit. Und weil diese Folgerung so einleuchtend ist, haben die Verantwortlichen in Rom auch die Entwicklung einzubremsen versucht. Sie schrieben – vor allem an die Adresse der Schweizer Bischöfe – die »Instruktion zu einigen Fragen über die Mitarbeit der Laien am Dienst der Priester«. Priester können nur durch Priester ersetzt werden, so die Hauptaussage, die durch reklerikalisierende Details (wie zur Kommunionausteilung durch Laien) verdunkelt wurde. Wie die Ortskirchen aber zu diesen Priestern kommen, wurde – sieht man vom selbstverständlichen Hinweis auf das Gebet und auf den problematischen Austausch von Priestern aus priesterreichen Regionen ab – nicht so richtig beantwortet.

Doch nicht nur diese eine Frage steht heute im Raum. Unsere Studie hat vielmehr eine andere Seite des schwelenden Problems aufgedeckt. Eben den sekundären Abwehrklerikalismus. Schon in der heißen Diskussion um die Römische Instruktion war aufgefallen, dass viele Priester Verständnis für das Dokument zeigten. Noch deutlicher positiv waren die Reaktionen in den Priesterseminaren.

Das ist nun der verständliche Hintergrund für diese überraschende Haltung vieler Priester. Sie sind um die Entwicklung ihrer priesterlichen Berufsrolle sehr besorgt. Sie fürchten – nach einer Phase der postkonziliaren Anreicherung – jetzt eine Phase empfindlicher Verarmung ihres Dienstes.

So sagen die Priester – gleich welchen Amtstyps –, dass die *»Priester wegen des Priestermangels immer weniger Zeit für Seelsorge haben«*. Diese Sorge nimmt mit der Zahl der Pfarreien, für die ein befragter Priester zuständig gemacht ist, zu. Sie nähert sich bei den Priestern mit mehreren Pfarreien plus Zusatzaufgabe der Hundertprozentmarke.

Priester haben eben den Eindruck, dass ihnen im Zuge der rechtlich lückenlosen »Versorgung« immer größerer Seelsorgsräume immer mehr Pfarreien zugeordnet werden. Die organisationsbezogenen Aufgaben (Koordinierung, Arbeit mit Gremien, Begleitung von Hauptamtlichen) nehmen ständig zu. Dazu verbleibt die Verantwortung für die Sakramentenspendung. Sehr zum Schaden des Verhältnisses breiter Massen zur Kirche leidet die Begleitung der Menschen zu den Lebensübergängen Heirat, Geburt und Tod durch Priester. Theologische Puritaner (die einen Schwerpunkt auf die Sozialpastoral legen) werten die Riten zu den Lebensübergängen ab. Sie übersehen dabei deren diakonale Bedeutung. Die Menschen erwarten laut neuesten Umfragen von der Kirche und ihren Priestern Seelsorge. Nun sind Priester nicht die einzigen, die in der katholischen Kirche nach dem Konzil Seelsorge betreiben. Viele Frauen und Männer, haupt- und ehrenamtlich, sind seelsorglich tätig. Aber derzeit haben die Priester das Gefühl, dass Seelsorge immer mehr an den Rand ihrer Tätigkeiten gerät. Sie fühlen sich als pastorale Großunternehmer, reisende Sakramentenspender und Zölibatshalter. Und erleben zudem, dass neben ihnen Laien ohne Weihe und Zölibat die interessantere, weil menschennahe Arbeit machen können.

Priester, die auch dazu angetreten waren, den Menschen in ihrer Lebensgeschichte mit dem Evangelium zur Seite zu stehen, fühlen sich angesichts der Entwicklung deprimiert und enttäuscht. Und diese Enttäuschung schlägt bei nicht wenigen eben in einen sekundären Abwehrklerikalismus um. Dieser findet sich bei den jüngeren Weihejahrgängen und den nachkommenden Priesteramtskandidaten.

Er speist viele Einzelantworten. So gibt es bei den Jüngeren eine neue Skepsis gegenüber der Ausweitung der Laienzuständigkeiten: in den Gremien, in den seelsorglichen Aufgaben. Sie wünschen sich als Mitarbeitende eher Geweihte als laikale Hauptamtliche. Lieber sind ihnen dann noch ehrenamtlich tätige Frauen und Männer aus der Gemeinde als hauptamtlich bestellte Laien. Selbst die Forderung nach »viri probati« geht zu den Jüngeren hin deutlich zurück.

Dieser sekundäre Abwehrklerikalismus ist ernst zu nehmen. Es ist zu billig, den Jüngeren einfach nachzusagen, sie seien wiederum so klerikal wie die Alten. Das trifft so nicht zu. Denn es geht den Jüngeren weniger um die Laien und um deren Mitwirkung im kirchlichen Leben, sondern um ihr eigenes Berufsprofil. Sie haben die Sorge, dass ihr Beruf immer weniger farbig und facettenreich ist. So wichtig ihnen die organisationsbezogenen Aufgabenfelder der Leitung sind: Sie suchen auch in ihrem priesterlichen Arbeiten die Nähe zu den Lebensgeschichten der »kleinen Leute«. Sie möchten gerade dann den Menschen nahe sein, wenn sie wichtige Lebensübergänge durchschreiten und dabei ihre im Alltag verschüttete religiöse Sehnsucht kurzzeitig erwacht. Sie möchten Zeit haben, um bei den Kranken, den Verzweifelten, den Leidenden zu sein. Sie wehren sich einfach dagegen, dass Priester aufhören, Seelsorger zu sein.

Natürlich gibt es Einzelne, denen eine solche Entwicklung auch gefällt. Es gibt ja auch unter den Jüngeren solche, die für die Leitung größerer Einheiten begabt sind und die vielleicht einmal bei der Bischofsweihe auf die Frage des Weihenden »Bist du bereit« sagen werden: »Schon lange!« oder »Und wie!« Das soll in Österreich in den letzten Jahren vereinzelt vorgekommen sein. Zudem werden einige solche Symptome des sekundären Abwehrklerikalismus nicht deshalb haben, weil sie um die seelsorgliche Dimension des priesterlichen Dienstes besorgt sind, sondern weil sie aus Freiheitsschwäche selbst eine autoritäre Seele haben: ein Phänomen, das in unserer Freiheitskultur nachweislich wieder im Kommen ist.

Doch macht die Studie **PRIESTER 2000**© deutlich, dass im Kontext des Priestermangels der priesterliche Dienst in Gefahr ist zu verarmen.

Aber auch die jungen hauptamtlichen Laienberufe kommen auf diese Weise langfristig in Bedrängnis. Als »ungeweihte Laienpriester« hören sie ja der Sache nach auf, Laien zu sein, sondern werden in dem Maß zu Priestern (»presbyteral«), als sie presbyterale Aufgaben übernehmen. Daran ändert die entlastende Denkfigur, dass es sich lediglich um eine Teilnahme am priesterlichen Dienst handelt, nur wenig. Denn neben solchen theologischen Spitzfindigkeiten spielt für den tatsächlichen Zustand eine erhebliche Rolle, wie die Kirchenmitglieder diese »Laienpriester« und »Laienpriesterinnen« wahrnehmen.

Solche Überlegungen führen zum Schluss, dass der Priestermangel zur Zeit sowohl den Priesterberuf wie die pastoralen Laienberufe gefährdet. Der sekundäre Abwehrklerikalismus könnte so zu einem Anlass werden, die Entwicklung zu überdenken und in eine andere Richtung zu lenken.

Was Priestern leben und arbeiten hilft

»Was wird es einem Menschen nützen, die ganze Welt zu gewinnen, sich selbst aber zugrunde zu richten oder einzubüßen?« Dieses Schriftwort, das sich – wie hier bei Lk 9,25 – in ähnlicher Weise bei allen Synoptikern findet, mahnt die Achtsamkeit für sich selbst ein. Diese gilt für jeden Menschen, sie betrifft in besonderer Weise diejenigen, die im Dienst für andere stehen. Wer viel von sich hergibt, muss darauf achten, dass sich seine Lebenswurzeln in nahrhaftem geistlichem Boden befinden. Auch »Bodenpflege« ist wichtig. Der Lebensboden darf nicht verhärten, vertrocknen und verwüsten, erodieren oder überwuchert werden. Er muss locker sein und durchlässig bleiben: sowohl für die frische Luft, die der Wind des Lebens vor sich hertreibt, wie auch für die Leben spendenden Wasser des Wortes Gottes. Geistliche brauchen für ihr »Standby« einen guten Bei-Stand, um sich bei aller riskanten Hingabe – auch im Dasein für andere – nicht zu verlieren. Dem geistlichen Leben war von daher im Fragebogen der Studie **PRIESTER 2000**© ein eigener Frageblock eingeräumt. Ergebnisse daraus werden im Folgenden aufgefächert.

Spiritualitäten

Zur Frage *»Was hilft Ihnen besonders zu lebendigem geistlichen Leben?«* gab es sechzehn Antwortmöglichkeiten jeweils auf einer Fünferskala. Eins steht dabei für »hilft mir sehr«, Antwort fünf für »hilft mir überhaupt nicht«. »Die Feier der Liturgie« ist dabei für alle befragten Priester die tiefste und lebendigste Quelle für ihre Gottesverwurzelung. Das unterstreicht aus dem Leben heraus das, was das Konzil in der Liturgiekonstitution Artikel 10 folgendermaßen formuliert: »Die Liturgie ist der Höhepunkt, dem das Tun der Kirche zustrebt, und zugleich die Quelle, aus der alle ihre Kraft strömt.« An zweiter Stelle der Hilfen steht das »spontane Gebet«. Auch hier zeigt sich wiederum ein überraschender Gleichklang. Wer um die Vielfalt des Gebetes weiß, kann ermessen, dass sich darin für jeden Menschen das Leben in seinen ganzen Facetten in Gott und seine Unbegreiflichkeit hineinbergen lässt. Und das erklärt die Einstimmigkeit. Erst dann differenzieren sich die Spiritualitätsformen in stärker institutionell geprägte, gemeinschaftliche und individuell gestaltbare. Die institutionell getragenen Formen wie das Breviergebet, Exerzitien und Einkehrtage sowie das Bußsakrament sind die wichtigsten Hilfen für die zeitlosen Kleriker. Ähnlich die zeitoffenen Gottesmänner: Für sie sind Exerzitien, Stundengebet und Meditation die Hauptstützen für ein lebendiges geistliches Leben. Fast jeder zweite aus diesen genannten Amtstypen hat einen Menschen, der ihn geistlich begleitet. Zeitnahe Kirchenmänner fühlen sich durch

Exerzitien, Schriftlesung und geistlichem Gespräch geistlich gestärkt und bereichert.

Die zeitgemäßen Gemeindeleiter haben in dieser Hinsicht freiwillig das schwerere Los gezogen. Ihre Spiritualität ist nur schwach institutionalisiert und damit wenig vorgestaltet. Sie begeben sich kaum in bebautes und umzäuntes Land und müssen – wie die Erzschürfer – selber Hand anlegen, um die Schwere und Leichtigkeit ihres Lebens vor Gott hinzulegen. Für sie ist der Dienst am Mitmenschen eine wichtige Quelle ihrer Spiritualität. Des Weiteren helfen ihnen zu einem spirituellen Leben geistliches Gespräch und die Lektüre von Büchern.

Geistlich verankert zu leben ist im normalen Alltag nötig und möglich. Es ist wohl in erster Linie eine Frage der Ausgewogenheit zwischen Selbst- und Fremdbestimmung und damit auch eine Sache der persönlichen Prioritäten. Wofür ich Zeit haben will, kann ich sie aufbringen. Bei den zeitlosen Klerikern und zeitoffenen Gottesmännern gilt dies neben der Arbeit vor allem für Gebet, Meditation und Schriftlesung.

Bezeichnenderweise sind es nicht so sehr die Erfolge bei der Arbeit, die berufliche Anerkennung und damit verbunden die positiven Rückmeldungen, sondern die Spiritualitäten, die eng mit der beruflichen Zufriedenheit verknüpft sind. Erfolge bei der Arbeit sind in diesem Frageblock für die Hälfte der Befragten hilfreich. Mehr ist es jedoch das Geistliche, das den »Amtsgeistlichen« Kraft, Stimmigkeit und Sicherheit gibt. Es wirkt sich auf das berufliche Ergehen aus und bedingt es. Eine starke Hilfe ist für alle Amtstypen ihr persönlicher Glaube. Aus einer lebendigen Beziehung zu Gott über Gebet, Glauben und Wissen um die Berufung durch Gott speist sich die Berufszufriedenheit der zeitlosen Kleriker und zeitoffenen Gottesmänner in erster Linie.

Den zeitgemäßen Gemeindeleitern hingegen helfen lebendige Beziehungen zu den Menschen: Sie erfahren den persönlichen Glauben, das Vertrauen der Gemeinde und gute menschliche Beziehungen zu den Gemeindemitgliedern als stützend und unterstützend.

Wer sich vom Stundengebet »in die Pflicht nehmen lässt«, um sich den Tag entlang dem Wort Gottes und den geistlichen Erfahrungen der Väter auszusetzen oder um sich über die Sprache der Psalmen dem Geheimnis Gottes zu nähern, dem hilft das auch für sein geistliches Leben. Am häufigsten wird das Brevier zu den Laudes zur Hand genommen. Mit den Worten von Wilhelm Bruners ist es der morgendliche Gang über die Psalmenbrücke. Ein schönes Bild für den Weg in den Tag hinein. Ein Gang, der einem hilft, sich – so Bruners – nicht mehr um die eigene Achse zu drehen und von den uralten Heilsworten entängstigt guter Hoffnung zu sein. Ähnlich wie die Laudes gehört auch das Vespergebet für die meisten Priester zum festen Bestandteil ihres Tages. Das Brevier wird – anders als im Sinne der monastischen »Erfinder« – überwiegend allein gebetet. Was in den Seminaren über Jahre hinweg an gemeinschaftlicher Spiritualität eingeübt und praktiziert wird, bleibt in dieser Form mit dem beginnenden Berufsleben noch möglich, dann aber mehr und mehr auf der Strecke. So ist zumindest in den Kaplansjahren den jungen Priestern die Möglichkeit eröffnet, in der Hausgemeinschaft oder zusammen mit dem Pfarrer nicht nur zu leben und zu arbeiten, sondern auch zu beten. Dann werden die Gelegenheiten meist seltener. Ist dies auch ein Grund, warum vor allem die zeitgemäßen Gemeindeleiter andere Gebetsformen bevorzugen oder ihnen das Brevier nicht wichtig ist?

Anzunehmen ist, dass jene Priester, welche sich der modernen Welt aussetzen, für dieses Risiko einen starken spirituellen Rückhalt benötigen. Denn sonst kann leicht aus der Modernisierung des Priesters seine Selbstsäkularisierung werden.

Die Forschungsergebnisse signalisieren hier für einen Teil der Priester einen bedrängenden Notstand. Denn gerade die »modernen« Priester (also die zeitgemäßen Gemeindeleiter) verfügen in Summe über erheblich weniger (messbare) spirituelle Ressourcen als jene, die das Risiko der Moderne scheuen. Zudem ist bei ihnen Spiritualität ärmer, kennt weniger Vielfalt. Die zeitlosen Kleriker haben Zugang zu mehr Formen der Spiritualität als die zeitgemäßen Gemeindeleiter.

Diese unterschiedliche Lage kann auch so gedeutet werden: Die zeitlosen Kleriker ziehen sich in eine gefahrlose spirituelle Sonderwelt zurück, um dort wie Mäuse in einem spirituellen Lagerhaus zu schwelgen, derweil die zeitgemäßen Gemeindeleiter in der modernen spirituellen Wüste in Gefahr sind, auf der Suche nach belebenden Oasen zu verdursten. Während also die zeitgemäßen Gemeindeleiter davon gefährdet sind, dass ihre Weltlichkeit in Verweltlichung kippt, sind die zeitlosen Kleriker in Gefahr, zu entweltlichen und in einer heillosen Welt ihr Heil ohne Welt zu suchen.

Spiritualität für die Weltabgewandten kann daher nur bedeuten, sich von Gott her zu den Menschen zu bekehren, das idyllische Kafarnaum zu verlassen und in das heidnische Galiläa hinabzuziehen (Mt 4,12-16), um dort in liebender Anwesenheit zu wirken (Carlo M. Martini). Spiritualität für die Weltlichen hingegen heißt, neue spirituelle Quellen zu erschließen, um nicht im zermürbenden Alltag eines modernen Priesterlebens auszubrennen und unterzugehen.

Daheimsein

Um ein Dach über dem Kopf brauchen Priester in Ost- und Westeuropa nicht besorgt zu sein. Pfarrhäuser gibt es wohl derzeit mehr, als bewohnt werden können. Auch bei allem eschatologischen Vorbehalt und dem Wissen darum, dass wir auf Erden nur eine vorübergehende Heimat haben, stellt sich auch und gerade bei Ehelosen die Frage nach dem Dach über der Seele. Ein großes Fragefeld eröffnet sich damit: Wo und bei wem können sich Priester daheim fühlen? Wie ist es bei ihnen daheim? Wer gibt ihnen (ehrliches) Feedback und hält ihnen auch mal den Spiegel vor, so dass persönliche Weiterentwicklung möglich ist? Wie sieht die Balance von Arbeit und Freizeit aus und (wie) wird die Freizeit gestaltet?

Das Dach über dem Kopf, das Haus, ist eng mit den seelischen Lebenswurzeln, der Behaustheit verbunden. Daheim fühlen sich die meisten der befragten

Priester in der Pfarrei, also dort, wo sie leben und arbeiten. Die Pfarrgemeinde wird als Lebensort zu jenem Ort, der Stabilität bringt und Vertrautheit schafft. Das ist eine wichtige Feststellung, gehört doch eine größere Zahl der Pfarrer nicht zu den auf Dauer sesshaften Menschen. Die Lebenswurzeln dürfen sich nie allzu tief eingraben. Heimat ist für viele von ihnen meist etwas Vorläufiges, auch wenn sich diese Vorläufigkeit über zehn bis fünfzehn Jahre erstreckt. Und es macht einen Unterschied im Lebensgefühl, ob ich abrahamitisch meine Zelte aufschlage oder ob mein Lebensschiff auf Dauer vor Anker geht.

Priester sind von Berufs wegen eher Nomaden. Hier unterscheiden sie sich von den hauptamtlichen Mitarbeitern und Mitarbeiterinnen, die meist weit weniger flexibel ihre Dienstorte bzw. Stellen wechseln (können). Das ist möglicherweise nicht nur familiär zu begründen. In manchen Diözesen wird der regelmäßige Pfarrerwechsel von Seiten der Diözesanleitung sogar ausdrücklich gewünscht und unterstützt. Ein Ortswechsel oder der Umzug in eine andere Gegend fordern ein hohes Maß an Beweglichkeit in den Beziehungen sowie das manchmal bedrängende Wissen um abschiedliche Existenz. Zwischen dem Wunsch nach Sicherheit und Stabilität und dem Anspruch zum Aufbruch lässt sich dennoch Heimat orten.

»Wir haben ein Dach und Brot im Fach und Wasser im Haus. So hält man's aus« (Rainer Kunze). Auch die eigenen vier Wände, seien es Pfarrhöfe oder Wohnungen, vermitteln Geborgenheit und beheimaten somit. Befreundete Personen und Freundeskreise, die ein Leben lang stabil sein können, werden unter dem Stichwort der Beheimatung an dritter Stelle genannt. Dann erst folgen die Hausgemeinschaft, die Mitbrüder, Verwandte und Bekannte oder eine »vertraute Person«.

Feedback und Kritik

Wohl nur ganz wenige Menschen können in aller Freiheit von sich sagen, die Meinung anderer über sie würde sie weder interessieren und kümmern noch in irgendeiner Weise in ihrem Verhalten beeinflussen. Das lässt sich schon im Test sehr leicht widerlegen. Man konfrontiere z.B. eine Person, die mit einer ihr bisher unbekannten Gruppe von Menschen arbeiten muss, mit der Aussage, in dieser Gruppe sei großes Misstrauen gegen ihn oder sie vorhanden. Das gleiche gilt umgekehrt: Auch der Hinweis auf sehr viel freundschaftlichen Vertrauensvorschuss wird sich auf das Auftreten auswirken.

Das vermutete Fremdbild, das andere von einem haben könnten, hat vor allem im sozialen Bereich, also im Umgang untereinander, Gewicht. Wenn ich keine Reaktion auf das erlebe, was ich sage oder wie ich auftrete, verunsichert das auf die Dauer oder lässt Verhaltensweisen freie Bahn, die der Verkündigung oder dem Zusammenleben nicht immer dienlich sind. Umso wichtiger ist es gerade für Priester, qualifiziertes Feedback zu bekommen: erbeten oder unerbeten.

Von wem erhalten Priester Feedback, Kritik und Rückmeldungen: Das war eine der Fragen unter der großen Überschrift »Beheimatung und Einsamkeit«.

»Dort, wo man daheim ist«, heißt die umschreibende Antwort. Priester bekommen die meiste und unmittelbarste Rückmeldung von den Pfarrmitgliedern. Wie differenziert diese ist und ob eher das Positive oder das Kritische zur Sprache kommt, sei dahingestellt. Was an Rückmeldung über den Pfarrer noch in den Fünfzigerjahren eher über Theater, Literatur, Gesang, am Stammtisch oder im Karneval bzw. Fasching ein Ventil suchen musste, wird heute auf dem ganz normalen Weg kommuniziert. Die Zeit der »Dorfheiligen« ist längst zu Ende. Bürgermeister und Bürgermeisterinnen müssen sich bewähren, weil sie (ab)wählbar sind. Lehrer und Lehrerinnen haben ihre exponierte Stellung spätestens seit den Studentenunruhen Ende der Sechzigerjahre entweder selber aufgegeben oder eingebüßt. Und den Pfarrern tut es allemal gut, wenn sie nicht mehr zu den »Unberührbaren« zählen, wenn ihnen gegenüber sowohl Schwierigkeiten benannt werden, als auch für sie Wertschätzung direkt erfahrbar wird.

Feedback bekommen die Priester zudem von den Personen, denen sie in Freundschaft verbunden sind. Auch sie gehören zur inneren Heimat und werden am zweithäufigsten genannt. Vertraute Personen und Mitbrüder sind nachgeordnet.

Nicht sehr gut bestellt ist es mit persönlichen Rückmeldungen in den Hauptamtlichenteams. Abgesehen davon, dass wohl nicht alle Priester unmittelbar mit hauptamtlichen Mitarbeitern und Mitarbeiterinnen zusammenarbeiten, zeigt sich hier ein Defizit im Bereich der Personalentwicklung. Wo keine Mitarbeiter-

und Mitarbeiterinnengespräche geführt werden, sind die Bedingungen dafür, dass sich eine gediegene Feedbackkultur entwickeln kann, sehr beschnitten.

Pfarrer haben im Normalfall nicht gelernt, Leitungsinstrumente wie das Mitarbeiterinnen- und Mitarbeitergespräch gezielt zu handhaben. Hier ist für den Bereich der Führung und Kooperation ein weites Feld offen, für das viel nachgeholt und eingeübt werden muss. Arbeitszufriedenheit und Motivation, Zielperspektiven, Anerkennung und Kompetenzentwicklung sind Früchte regelmäßiger Gespräche in Teams, die ihren Focus ausdrücklich über die alltäglichen Aufgaben und Verpflichtungen hinausrichten. Hier können die Priester als Führungspersonen die Kultur ihrer Organisation entscheidend mitprägen. Das Schlusslicht bei den Rückmeldungen gegenüber den Priestern halten die Dechanten bzw. Dekane zusammen mit den Bischöfen. Ab uno disce omnes.

Einsamkeiten

Wie jeder Mensch erlebt der Priester Einsamkeit. Diese ist untrennbar mit jedem Menschenschicksal verbunden. Als Vereinsamung bedroht sie. Als gefüllte Einsamkeit wird sie gesucht. »Wohl dem, der einsam ist«, schreibt Christian Morgenstern und Alfred Uhl hat dieses Gedicht vertont.

Einsamkeit wird von Priestern in unterschiedlichen Zusammenhängen erlebt: am meisten, wenn es einem Priester schlecht geht. Dann folgt an zweiter Stelle, wenn ein Priester »Sehnsucht nach Nähe hat«. Wenig

Gefühl von Einsamkeit löst aus, wenn ein Priester »jemandem seine Freude mitteilen will«. Auch der kommende Ruhestand schafft nur bei wenigen Gedanken an Einsamkeit.

Einsamkeit scheint – auch bei Priestern – eine Frage des Naturells zu sein. Von zehn Priestern kennen drei kaum Einsamkeit, zwei sind in allen untersuchten Bereichen davon betroffen, fünf spüren sie am ehesten, wenn es ihnen schlecht geht und/oder wenn sie Sehnsucht nach Nähe haben. Es sind die jüngeren Priester, denen die Einsamkeit zu schaffen macht.

Die Maßnahmen gegen das Gefühl der Einsamkeit sind beten und arbeiten sowie unter Menschen gehen. Unproduktives Vorgehen ist selten: sich zurückziehen, das Gefühl verdrängen, sich an den Computer setzen, trinken.

Eng ist nur auf den ersten Blick der Zusammenhang zwischen dem Gefühl der Einsamkeit und dem Zölibat. Zwar hängen die Bewertung des Zölibats und die Erfahrung von Einsamkeit eng zusammen. Aber die Studie kann nicht klären, was zuerst ist, eine negative Haltung zum Zölibat oder das Gefühl von Einsamkeit. Fest steht aber immerhin, dass jene, die aus ihrem persönlichen Grunderleben heraus eher zur Einsamkeit neigen, sich mit dem Zölibat schwer tun. Es wäre daher vor der Annahme des Zölibats unter den heutigen kirchendisziplinären Bedingungen zu klären, ob jemand Einsamkeit gut bestehen kann und ob er auch in der Lage ist, angesichts unentrinnbarer Einsamkeiten eine produktive Lebensweise zu entwickeln – eine Aufgabe, die letztlich auch Verheiratete zu meistern haben.

Ebenso eng wie der Zusammenhang der erlebten Einsamkeiten mit der Bewertung des Zölibats ist aber auch der Zusammenhang mit der Inszenierung des Haushalts. Personen, die einen stabilen Haushalt haben, erleben weit weniger Einsamkeiten als jene, die nur stundenweise jemanden haben oder selbst den Hausmann machen. Gegen die Einsamkeiten der Priester hilft also keineswegs allein die »Abschaffung« des Zölibats, sondern mindestens ebenso zielführend ist eine solide Organisation eines stabilen Haushalts. Die Einsamkeit von manchen Zölibatären resultiert aus schlechter Lebensorganisation. Das setzt allerdings auch voraus, dass Priester über so viele finanzielle Ressourcen verfügen, dass sie sich eine stabile Haushaltsorganisation leisten können.

Eines steht fest: Priester, die mit ihren Einsamkeiten schöpferisch umgehen, gehören zu den am meisten grundzufriedenen Priestern. Es sieht also danach aus, dass die auf den ersten Blick leidvollen Einsamkeiten auf die Dauer doch ein enormer Anreiz zu persönlichem und spirituellem Reifen sind.

Der ungestützte Zölibat

Es zählt zu den empirischen Überraschungen, dass Akzeptanz und Wertschätzung der ehelosen Lebensform unter den befragten Priestern beachtlich hoch sind. Sie liegt mit Sicherheit weit höher als die Wertschätzung der Ehe in modernen Bevölkerungen. Überraschend mag auch angesichts der öffentlichen oder veröffentlichten Meinungslage sein, dass Priester in einem hohen Maß mit ihrer ehelosen Lebensform zufrieden sind. Wäre eines Tages dem Priester freigestellt, unter Beibehaltung des Amtes seine Lebensform neu zu wählen, würde eine Mehrheit sicher weiter ehelos leben. Dennoch: Auch und gerade die ehelose Lebensform wird vom Modernisierungsstress nachhaltig beeinflusst.

Antimoderner Entscheidungszwang

Es zeigt sich schon beim Einstieg in die ehelose Lebensform. Nach einem »Durchhänger« in den Weihejahrgängen nach dem Konzil nimmt zu den jüngeren Weihejahrgängen hin die Behauptung merklich ab, den Zölibat »in Kauf zu nehmen«, um Priester werden zu können. Diese Form von kompromissfreudigem Opportunismus ist unter den jüngeren deutlich seltener anzutreffen als unter den Priestern der mittleren Generationen (das heißt freilich unter den älteren).

Die nachwachsende Priestergeneration ist zur Zeit allerdings deshalb wohl auch zahlenmäßig kleiner, weil das Risiko der Entscheidung schwerer geworden ist. Wer zur ehelosen Lebensform nicht Ja sagen kann, sagt dann heute lieber gleich Nein statt Jein. Zu Recht vermerken daher auch die befragten Priester, dass junge Leute wegen der Sorge, der Aufgabe nicht gewachsen sowie durch die zugemutete Ehelosigkeit überfordert zu sein, den Weg zum Priesteramt abbrechen. Die Entscheidung zur Ehelosigkeit wird immer mehr eine Frage der persönlichen Reifung, der autonomen Ichstärke, der Integration der Sexualität in die eigene Persönlichkeit – alles Qualitäten, die in einem zeitbewussten Priesterseminar neben der Suche nach einer breiten personalen wie vernetzten Spiritualität im Mittelpunkt stehen (sollten). Werden diese Seiten gut trainiert, können auch jene Seminaristen und Priester, die sich oft mühsam von der in Krise geratenen Ehelosigkeit zu einer Ehe durchringen und auch heiraten, mit mehr Aussicht auf eine befriedigende und gelingende Ehe hoffen.

Moderne Stilisierung ehelosen Lebens

Aber nicht nur die Anfangsentscheidung zum ehelosen Leben wird von den modernen Verhältnissen mitgeformt. Auch die Stilisierung des ehelosen Lebens wird zunehmend »modern«. Dass die Entscheidung des Anfangs eindeutiger wird, besagt ja noch nicht gleich, dass es für die Priester leichter geworden ist, zölibatär in einer Weise zu leben, die sich sehen lassen kann. Auch in dieser Hinsicht stehen die Priester unter »Modernisierungsstress«.

Die Stilisierung des ehelosen Lebens hat sich bei einem Großteil der Priester »modernisiert«. Modern ist es aber nicht, sich früh in seinem Leben für eine bestimmte Lebensform (Ehe, Ehelosigkeit) zu entscheiden und diese Entscheidung dann so zu kultivieren, dass sie ein Leben lang krisenlos und fraglos bleibt. Nur ein Teil der befragten Priester gibt an, im ehelosen Leben kein Auf und Ab erlebt zu haben. Krisen im ehelosen Leben sind – wie bei Eheleuten – zum erwartbaren Normalfall geworden. Formung zum ehelosen Leben wird daher immer mehr zur Anleitung, wie man (Mann) mit Krisen leben kann. Genau das ist ganz allgemein für Männer in unserer Kultur ein noch anzueignendes Kunststück.

Zur Modernisierung des Zölibats gehört auch, dass sich dessen Stilisierung im Lauf eines Priesterlebens des Öfteren wandeln kann. Modern ist eben die Verflüssigung überkommener festgefügter Formen. *»Ehelos leben ist wie das Leben in der Ehe ein lebenslanges Lernen und Ringen«:* Dieser Aussage können sehr viele Priester etwas abgewinnen.

Wie die Ehelosigkeit gelebt wird, wird zudem immer mehr zu einer individuellen Angelegenheit. Priester finden dann eine Form, die sie selbst verantworten können. Ehelosigkeit wird somit reichhaltiger, grenzoffener. So wie in modernen Kulturen die Grenzen der Ehe durchlässiger sind, scheint dies auch bei den Ehelosen der Fall zu sein. Das führt aber nur bei einem überraschend kleinen Teil der befragten Priester auch zu einer Lebensgestalt, die einer Ehe näher ist als der in Krise geratenen Ehelosigkeit. Liierte Priester, die mit einer vertrauten Person leben und bei Freistellung des Zölibats auch sicher heiraten würden, sind weit weniger, als den Boulevardzeitungen lieb ist oder die Kleruskongregation befürchtet. Wenn sich aber ein Priester zu dieser zwiespältigen Randform liierten Lebens unter dem Dach der Ehelosigkeit durchringt, dann hat er mit sehr hoher Wahrscheinlichkeit einen sehr hohen Modernitätsgrad. Faktisch wählen ja auch solche moderne Priester die »modernste Form der Beziehung«, nämlich die ungebundene Bindung. Für eine postmoderne Gruppe unter den Priestern ist eine solche (zum Schaden für sich und noch mehr für die davon betroffenen Frauen) erstrebenswerter als das zumindest ebenso anspruchsvolle Lebensmodell der Ehe.

Keine Unterstützung

Die Studie gibt nicht nur diskret Auskunft über die Entscheidungsmodelle zum Zölibat an dessen Beginn und zu seiner Stilisierung während eines langen Priesterlebens. Fast noch wichtiger als die Gestaltung der ehelosen Lebensform durch die befragten Priester selbst ist die soziokulturelle Seite dieser Lebensform. Das Ergebnis ist drastisch: Zwar wird diese Lebensform von der katholischen Kirche ihren Priestern zugemutet. Aber sie erhält keinerlei Unterstützung: weder in der modernen Gesellschaft noch in der Kirche selbst.

Das sagen wir – gestützt auf breite Umfragedaten aus der Studie **PRIESTER 2000**© – aus dem Blickwinkel der Erfahrungen, die Priester machen. Die Aussage: »*Ich bekomme für mein eheloses Leben Unterstützung in der Gemeinde*«, findet wenig Zustimmung. Im Gegenzug dazu wird der Satz bejaht: »*In den Gemeinden gibt es heute kein zölibatsförderndes Klima.*« Die Priester ahnen auch die Folgen dieser Nichtunterstützung für die nachwachsenden Priester. Denn sie stimmen weithin auch der Aussage zu: »*Selbst wenn der Zölibat 'freigestellt' wäre, wäre es für junge Menschen sehr schwer, ihn frei zu wählen, weil sie niemand dabei unterstützt und ermuntert.*«

Sozialpsychologisch ist die Lage der Ehelosen tatsächlich makaber. Nicht einmal im Sozialraum Kirche, in welcher der Zölibat eine (im Normalfall) unumgängliche Zugangsbedingung zum Priesteramt ist, erleben sich die Ehelosen unterstützt. Priester erhalten eine andauernde Doppelbotschaft: Leb ehelos, aber wir schätzen deine Lebensform nicht. »Wir«, das meint im Sinn der Vatikanischen Ekklesiologie das Kirchenvolk. Diese mangelnde Wertschätzung drückt sich nicht zuletzt darin aus, dass die ehelose Lebensform bei beträchtlichen Teilen des Kirchenvolks als unmodern gilt und deshalb im Zug der Kirchenmodernisierung – im Namen der Menschenrechte oder der Eucharistiefähigkeit gläubiger Gemeinden – verlangt wird, dieses Zulassungskriterium aufzuheben.

Freistellen wäre aufgeben

Empirische Studien ersetzen nicht das spirituelle Ringen und auch nicht kirchenpolitische Entscheidungen. Doch werden Zusammenhänge sichtbar, die für das Ringen wie für das Entscheiden nützlich sind. Klar wird in der Studie, dass die Priester mit ihrem zugemuteten Zölibat allein gelassen sind. Auch kirchlich. Hier erhebt sich die Forderung: entweder unterstützen oder nicht mehr zumuten. Ein kirchlich nicht breit unterstützter Zölibat ist unter modernen Bedingungen zynisch.

Lässt sich aber das zölibatsabweisende Klima in der Kirche wenigstens umformen? Wer das verneint, verstärkt die Argumente dafür, den Zölibat in der Tat freizustellen.

Wir können aber auch prognostizieren, was geschieht, wenn unter den gegebenen Bedingungen der Nichtunterstützung der Zölibat freigestellt werden würde. Die Folge wäre nicht die freie Wahl, sondern eine Art kulturell verordnete Pflichtehe wie bei jüdischen Rabbinern oder protestantischen Pastoren und Pastorinnen – und das mit allen Risiken, denen eine christliche Ehe unter modernen Bedingungen ausgesetzt ist. Wer dann unter dem Modernisierungsdruck ehelos bleibt, gilt als Ausnahmepersönlichkeit, homosexuell oder neurotisch bindungsunfähig.

Kurt Koch, Basels von links und rechts bedrängter Bischof, zieht daraus längst schon die angemessene Konsequenz. Zu Recht verlangt er, vor einer (auch lebbaren) Freistellung müsse der Zölibat aufgewertet werden. Denn ohne Aufwertung wäre zur Zeit die Freistellung des Zölibats dessen Abschaffung.

Ein Beispiel dafür, wie wichtig eine Aufwertung der ehelosen Lebensform ist, zeigt folgende Begebenheit aus einer Schweizer Pfarrei: Zwei Kapläne sind in einen Orden eingetreten, weil sie die Fragen von Gemeindemitgliedern satt hatten, warum sie noch keine Freundin hätten. Es könnte ja auch so sein, dass ehelosen Kaplänen in einer Gemeinde Wertschätzung entgegengebracht wird. An ihnen könnten Personen, die unfreiwillig ehelos bleiben, lernen, dass man auch allein ganz gut leben kann und dass man auch als nichtverheiratete Person in einer Pfarrgemeinde etwas gilt. Es könnte auch geschätzt werden, dass Ehelose bedeutend mehr Zeit erübrigen können, mit Kindern im Sommer »auf Fahrt« zu gehen als verheiratete Hauptamtliche mit Familie und drei eigenen Kindern.

Für sich selbst sorgen

In dieser doch nicht einfachen Lage für die Ehelosen werden anhand der Studie auch noch einige Anregungen für die vernünftige Sorge um eine tragfähige Kultur des eigenen ehelosen Lebens erkennbar. Die Studie deckt einen doppelten engen Zusammenhang auf: Priester, die starke spirituelle Ressourcen haben, und Priester, die in Netzwerken leben, tun sich sichtlich mit ihrem ehelosen Leben leichter als jene, die spirituell ausgebrannt sind und zudem entnetzt und vereinsamt leben. Wer also unter den gegebenen (sozialpsychologisch keineswegs komfortablen Bedingungen) befriedigend ehelos leben will, wird sich auf der einen Seite um eine »moderne« Spiritualität sorgen, die aber auch die entlastende Dimension des Geordneten umgreift. Ein Schuss Entlastung durch Ordnungen (als Ausdruck von getroffenen Entscheidungen) kann im spirituellen priesterlichen Lebenshaushalt eine nützliche Gegenkraft zum modernen Experimentieren darstellen.

Auf der anderen Seite gehören zu den Stützungsmaßnahmen Vernetzungen von Ehelosen. Sozialpsychologisch wird die fehlende kirchliche oder soziale Unterstützung durch solche kleine Unterstützungsnetze ein wenig wettgemacht. Das kann ein Priesterkreis, eine Wohn- und/oder Arbeitsgemeinschaft sein (fördert die moderne pastorale Großraumentwicklung solche?), eine Weltpriestergemeinschaft im Sinn der augustinischen Regel, die Mitgliedschaft in einer spirituellen Bewegung. Es ist auf Grund der Studie bedauerlich, dass die in den letzten Jahrzehnten gewachsenen »basisgemeindlichen« Netzwerke für die Ehelosen keine derartigen Entlastungsnetzwerke darstellen. Es lohnte sich also, sich in diesen »Basisgemeinden« zu einer Neubewertung der ehelosen Lebensform durchzuringen, auch und gerade für den dort oftmals gewünschten Fall der »Freistellung« des »Pflichtzölibats«. Sonst hat die stets behauptete Wertschätzung der ehelosen Lebensform rein platonischen Charakter.

Erfahrungsschatz für Kirchen-entwicklung

Priester gehören zum kirchentragenden Personal. Sie stehen Tag um Tag in der pastoralen Alltagsarbeit. Wenn jemand weiß, wie die pastoralen Uhren heute gehen, dann sie. Sie tauchen ein in das alltägliche Leben der Menschen. Nur der Haupttyp der zeitlosen Kleriker, so die Analysen, erweist sich mehrheitlich als weltabgewandt. Der erheblich größere Teil der Priester ist in der modernen Kultur mit »liebender Anwesenheit« (Carlo Maria Martini) gegenwärtig, ohne deshalb den kritischen Blick zu verlieren. Sie kennen das Ringen der »kleinen Leute« und die Gefährdungen der »großen«.

In den meisten Ländern, in denen die Priester befragt wurden, suchen die Kirchen nach pastoraler Neuorientierung. In den nachkommunistischen Ländern ist das unausweichlich. Der kirchenaggressive Kommunismus hat den Kirchen das Sakristeighetto zugewiesen. Rund um den Altar, zusammen mit jenen Menschen, die der Kommunismus nicht beugen konnte, lebte die Kirche im Binnenraum. Das pastorale Leben war nicht nur aus theologischen Motiven, sondern auch auf Grund der zugewiesenen Umstände sakramenten- und priesterzentriert. Laien und hier die Frauen hatten ebenso wenig mitzugestalten, wie es auch keine entsprechenden pastoralen Räte gab. Pastoraler Umbau ist jetzt nach der Wende angesagt.

Aber auch in den »westlichen« Kirchenregionen ist es nicht viel anders. Zwar haben die Kirchen in den letzten Jahrzehnten viele gute pastorale Erfahrungen gesammelt, um mit den Herausforderungen einer ökonomisch opulenten Freiheitskultur zurechtzukommen. Vieles ist dabei aber auch misslungen: weil, wie die einen Priester sagen, die Kirche in ihrer Pastoral zu weltfremd geblieben sei, während die anderen eben eine fatale Verweltlichung, ja geradezu »Selbstsäkularisierung der Kirche« beklagen. Es ist in der Tat zu wenig, die Hoffnungslosigkeit moderner Welt auf dem Boden der Kirche zu verdoppeln. Es ist aber ebenso wenig zielführend, sich aus dem modernen Leben so sehr herauszuhalten, dass die Kluft zwischen Kultur und Evangelium unüberbrückbar wird. Wie immer: Pastorale Neuorientierung ist dringend nötig.

In eben solch pastoral bedrängenden Zeiten trifft viele der untersuchten Kirchengebiete der dramatische Mangel an »Priestern in Ruf- und Reichweite«. Die Gefahr ist groß, in solchen Zeiten lediglich die Räume neu zu gestalten, damit das Verhältnis »pastoraler Raum« und »verfügbare Priester« rechtlich wieder stimmt. Dergestalt wird ein Untergang verwaltet, aber noch kein Übergang gestaltet. Kein pastoraler Aufbruch droht.

Wer einen pastoralen Aufbruch wünscht, wird auf die gesammelten Erfahrungen setzen: die Erfahrungen der engagierten (ehrenamtlichen) Christinnen und Christen in den Gemeinden und Gemeinschaften. Aber eben auch auf die Erfahrungen der Priester. Dazu kommt, dass geplante Erneuerung ja auch durchzuführen ist. Auch dabei spielen die Priester in der katholischen Kirche eine Schlüsselrolle – und insofern auch die protestantischen Kirchen faktisch Pastorenkirchen sind, geht auch dort keine Erneuerung an den Pastorinnen und Pastoren vorbei. Für einen neuen pastoralen Weg wird man am ehesten jene gewinnen, die am Auskundschaften des Weges beteiligt waren. Es ist dann »ihr« Weg, und nicht ein verordneter Weg. Identifikation wächst aus Partizipation. Daher das vernünftige Prinzip: »Keine Entscheidung ohne Beteiligung der von der Entscheidung Betroffenen!« Die Kirche bildet als eine Gemeinschaft von Menschen, die gewiss Gott zusammengefügt hat, aber menschlich bleibt, keine Ausnahme.

Wer diesen Gedanken bisher zustimmend folgen konnte, wird leicht praktische Folgerungen erkennen. Solche gehen in zwei Richtungen. Die eine Richtung: Wie kann die pastorale Erfahrung der Priester kirchenpolitisch fruchtbar gemacht werden? Die zweite Richtung: Welche Ansichten vertreten Priester zu aktuellen kirchenpolitischen Fragen?

Priester raten

Priester wünschen mit hohen Mehrheiten, dass ihre Stimme gehört wird. Das »Ohr« dafür sollte nach dem Wollen des Zweiten Vatikanischen Konzils der Priesterrat sein. Dass die Tätigkeit des Priesterrates einen nachhaltigen Einfluss auf die Entscheidungen des Bischofs hat: Davon ist von zehn Priestern nicht ein einziger voll überzeugt. Ein Drittel in den westlichen

Untersuchungsregionen (Österreich, Westdeutschland) und die Hälfte in den östlichen Regionen (Kroatien, Ostdeutschland) nehmen keinerlei Einfluss an. Zeigt sich hier am Beispiel des Priesterrates die generelle Schwäche der »Räte« in der katholischen Kirche? Zwar gibt es eine schwerwiegende Pflicht derer, die Rat anzunehmen gehalten sind, sich den Rat zu eigen zu machen (c. 127 CIC). Aber das, was Priestern von Rechts wegen verbürgt wird, harrt nach Ansicht zu vieler Priester auf Einlösung. Dabei stellt sich die Frage, ob die Priester selbst nach unten so beratungsoffen sind, wie sie es von oben her erwarten.

Gehört werden bedeutet auch, sich an der Bestellung des eigenen Bischofs beteiligen zu können. Lediglich unter den ostdeutschen Priestern will dies nur die Hälfte der Befragten. In anderen Untersuchungsgebieten erreicht der Anteil zwei Drittel bis drei Viertel. Welche Ängste oder auch kirchenpolitisch übergreifende Ziele verhindern eine solche Beteiligung der Priester an der Bestellung ihres Ortsbischofs? Dabei ist beachtlich, dass es den Priestern nicht nur um die Suche nach Kandidaten für das Amt ihres bischöflichen Vorgesetzten geht, sondern um dessen direkte Wahl.

Wenn es allerdings um die Wahl des Pfarrers durch die Gemeinde geht, beginnen die Priester zu differenzieren. Vor allem in den nachkommunistischen Kirchenregionen lehnt die Hälfte der Priester jegliche Wahl des Pfarrers ab. Andererseits sind die demokratiegewohnten Schweizer fast lückenlos der Meinung, dass es irgendeine Wahl des Pfarrers durch die Gemeinde geben soll – mit oder ohne Bestätigung durch den Bischof. Oder der Bischof schlägt Kandidaten vor und die Gemeinde wählt oder umgekehrt.

Auch Priester werden noch lernen müssen, dass man für sich nicht beanspruchen soll, was man selbst nicht zu geben bereit ist. Partizipation ist unteilbar. Das erklärt ja auch, dass die zeitgemäßen Gemeindeleiter wegen ihrer Sympathie für die modernen demokratischen Kulturen weit mehr partizipationsfreundlich sind als die zeitlosen Kleriker. In einem zweiten Schritt kann man dann immer noch eine vernünftige Vorgehensweise für die Beteiligung festlegen. Diese wird sicherlich auch damit zu tun haben, wie viel jemand vom Evangelium versteht, damit es eine Beteiligung aus der Kraft des Evangeliums wird. Diese Bedingung kann aber bei der überwiegenden Zahl von Priestern als gegeben angenommen werden.

Kirchenpolitische Positionen

Schon die Priesterumfragen der Siebzigerjahre haben sich nach den Positionen der Priester zu aktuellen kirchenpolitischen Fragen erkundigt. Auch damals ging es bereits um die Fragen der Lebensform der Priester, also um die Möglichkeit verheirateter Priester – einschließlich der Frage, was die befragten Priester tun würden, könnten sie bei Behalten des Amtes (doch) heiraten. In der Diskussion war damals aber auch etwa die Frage nach einem »Amt auf Zeit«.

Inzwischen haben sich die Fragestellungen zum Teil verlagert sowie erweitert. Immer noch geht es um die »viri probati« und die »freie Wahl« der priesterlichen Lebensform – näherhin um die freie Wählbarkeit der Priesterehe oder auch homosexueller Partnerschaften. Dazu kommt die Diskussion um die Ordination von Frauen: für das Priesteramt und für das Diakonat.

Heute wird aber auch diskutiert, ob nicht jene Frauen und Männer, die mit der Krankenhausseelsorge beauftragt werden, die Möglichkeit erhalten sollen, jene Sakramente zu feiern, die in ihrem pastoralen Arbeitsbereich »anfallen«: vor allem die Krankensalbung.

Gerade auch bei solchen Fragen können Priester kompetent kirchenpolitischen Rat geben. Und weil das viel zu sehr unterbleibt, leihen wir den ungehörten Priestern hier die Stimme und dokumentieren die erhobenen Meinungen.

Krankensalbung

»Laien, die mit der Kranken(haus)seelsorge betraut werden, sollen auch die Krankensalbung spenden können.«
– »Wenn Laien in der Kranken(haus)seelsorge mit der Krankensalbung beauftragt werden sollten, müssten sie dazu auch geweiht werden.«

Hinter solchen Positionen steht die Sorge der Priester, dass die sakramentale Versorgung der Kranken immer mehr auf der Strecke bleibt. Die Priester fühlen, dass sie selbst ihre Sorge um die Kranken nicht mehr hinreichend erfüllen können. Zudem wird kritisiert, dass Begleitung und Sakramentenspendung – was man kirchenamtlicherseits bei Predigt und Eucharistiefeier strikt ablehnt – voneinander getrennt werden.

Daher wird über Alternativen nachgedacht. In manchen Kirchenregionen, die Laien im hauptamtlichen pastoralen Dienst haben, arbeiten diese vor allem bestens ausgebildet in den Krankenhäusern. Da aber die Krankensalbung (und das Bußsakrament) an die Priesterweihe gebunden bleibt, kann die Aufforderung des Jakobusbriefes nicht mehr eingelöst werden: »Ist einer von euch krank? Dann rufe er die Ältesten der Gemeinde zu sich; sie sollen Gebete über ihn sprechen und ihn im Namen des Herrn mit Öl salben. Gebete über ihn sprechen, wörtlich: über ihn beten. Das gläubige Gebet wird den Kranken retten, und der Herr wird ihn aufrichten; wenn er Sünden begangen hat, werden sie ihm vergeben. Darum bekennt einander eure Sünden, und betet füreinander, damit ihr geheiligt werdet. Viel vermag das inständige Gebet eines Gerechten« (Jak 5,14–16).

Hat die Kirche nicht die Möglichkeit, die sakramentale Kompetenz anders zu verteilen, als sie zur Zeit verteilt ist? Gerade beim Grundsakrament der Taufe – sie ist theologisch anfangs an den Bischof gebunden gewesen, worauf die postbaptismalen Salbungen hinweisen, die zur Firmung wurden – kann selbst eine heidnische Frau taufen, wenn es sich um einen Notfall handelt. Der einzelne Mensch sollte nicht dadurch zu einem Heilsschaden kommen, nur weil kein Priester erreichbar ist.

Ist der Priestermangel in vielen Krankenhäusern nicht ein ähnlicher Notfall, so fragen manche. Natürlich behelfen sich kluge Krankenhausseelsorger und -seelsorgerinnen und entwickeln analoge Rituale mit Salbung, Handauflegung und Gebet. Aber was tun sie da anders, als im Jakobusbrief aufgetragen wird? Bilden sich nicht sakramentale Handlungen im pastoralen Raum aus, der aber offiziell als solcher nicht erkannt, auch nicht anerkannt ist? Über den Umweg der Praxis in den Grauzonen entsteht Handlungsbedarf für die Kirchenleitung. Die Frage der Krankensalbung durch Krankenhausseelsorger und -seelsorgerinnen liegt somit auf dem Tisch der katholischen Weltkirche.

Die Meinung der Priester dazu ist sehr geteilt. Mehr als die Hälfte der österreichischen Priester ist uneingeschränkt dafür, ein weiteres Viertel mit Vorbehalten. Das sind zusammen mehr als drei Viertel der Befragten. Darin kommt eine mächtige pastorale Sorge um die Kranken zum Ausdruck. Aber auch in Kroatien spricht sich fast die Hälfte der Befragten dafür aus, ein Viertel uneingeschränkt. Die Priester aus den übrigen Untersuchungsregionen liegen dazwischen.

Nicht einmal zwei von zehn befragten Priestern halten dafür eine Weihe für erforderlich. Ein Drittel lehnt eine Weihe solcher Krankenhausseelsorger und -seelsorgerinnen entschieden ab, bei einem weiteren Drittel ist die Ablehnung abgestuft. Bei zwei Dritteln der Priester scheint sich die Krankensalbung als Sakrament von der Priesterweihe zu lösen.

Solche theologischen Entwicklungen zeigen auf jeden Fall, wie weit sich die Priester in ihrem seelsorglichen Alltag von der Sorge um die Kranken entfernt haben. Vielleicht liegt hier die Haupterkenntnis der Studie, die auch an anderer Stelle schon sichtbar geworden ist: Priester hören in manchen Kirchenregionen auf, lebensnaher Seelsorger zu sein.

Viri probati

Nach den viri probati wurde zweimal gefragt. Deren »Einführung« kann ja aus pastoralen oder aus liberalen Gründen gewünscht werden. Pastoral: Da wird die Weihe von viri probati zu Priestern als unumgänglich angesehen, »weil sonst viele Gemeinden ohne regelmäßige Eucharistiefeier sein werden«. Liberal: Jetzt gilt eine solche Weihe von viri probati als unumgänglich, »weil die Wahl der Lebensform ein Menschenrecht ist« – und ein Kirchenrecht: »Alle Gläubigen haben das Recht, ihren Lebensstand frei von jeglichem Zwang zu wählen« (c. 219 CIC).

Die Ergebnisse sind regional sehr verschieden. Die Forderung der Weihe von »viri probati« aus pastoralen Gründen schwankt je nach Kirchenregion zwischen 55 % (in Kroatien) und über 80 % (in Österreich, in der Schweiz). Ost- und Westdeutschland liegen dazwischen. Das »römische Ohr« wird hier unterschiedlich gewichtete Stimmen heraushören und vielleicht damit die Nichtveränderung rechtfertigen: Aber es ist nicht zu übersehen, dass der niedrigste Wert mit 55 % bereits eine Mehrheit darstellt. Kann man das Ohr solchem Rat gegenüber wirklich dauerhaft verschließen? Die Priester sorgen sich eben aus nächster Nähe um die Eucharistiefähigkeit gläubiger Gemeinden. Und diese haben auch kirchenrechtlich besehen einen rechtlich verbürgten Anspruch darauf, mit all jenen Heilsgütern versehen zu werden, die für ihr gläubiges Leben vonnöten sind: »Die Gläubigen haben das Recht, aus den geistlichen Gütern der Kirche, insbesondere dem Wort Gottes und den Sakramenten, Hilfe von den geistlichen Hirten zu empfangen« (c. 213 CIC). Die Eucharistie gilt aber nach wie vor als Quelle und Höhepunkt christlichen wie kirchengemeindlichen Lebens.

Natürlich kann man dann wieder darüber reden, auf welchem Weg es zur Einlösung dieses Grundrechts gläubiger Gemeinde kommt. Bischof Fritz Lobinger aus Aliwal (Südafrika) schlug vor wenigen Jahren vor, nicht einen einzelnen Priestersitz durch eine bewährte Person, die aus der Gemeinde kommt, zu besetzen, sondern die Priesterbank mit mehreren. Das hat den Vorteil, dass auch andere Aus- und Fortbildungswege entworfen werden könnten. Morgen werden in der Tat den Kirchengemeinden viele engagierte und gemeindeerfahrene Personen zur Verfügung stehen, die nicht mehr der Erwerbsarbeit nachgehen. Die Bischöfe geraten hier unter einen starken Handlungsdruck. Die eindeutige Meinungslage ihrer Presbyterien kann nun fahrlässig übergangen werden. Längerfristig begeben sich die Kirchenleitungen auch in die Gefahr, dass sie das Gesetz des Handelns verlieren. Immer mehr wird der Rat des Kirchenlehrers Tertullian aus seiner noch vormontanistischen Zeit im Kirchenvolk bekannt: Wenn eine Gemeinde keinen Priester habe, der einer Eucharistiefeier vorsteht, dann solle sie einen aus der Gemeinde bestimmen, priesterlich vorzustehen. Es handelt dann einer amtlich, ohne Amtsträger zu werden. Ist das der Weg gläubiger Gemeinden in die Zukunft? Freilich, bevor gläubige Gemeinden solch drastische Notlösungen wählen (und diese sind allemal besser als die derzeitigen Notlösungen der kirchlichen Großraumpfleger mit Gottesdienstbussen oder dem eucharistischen »Fasten«), werden sie sich zusammenschließen. Eine Organisation der Gemeinden ohne Priester am Ort (OGOPO) wird entstehen. Und Woche um Woche wird eine andere Abordnung beim Bischof oder beim Generalvikar vorsprechen und drängen, eine Lösung zu finden: Andernfalls werden sie eben einen aus ihrer Mitte in den Kurzzeitvorsitz setzen.

Deutlich schwächer sind die Ergebnisse, wenn es um die liberale Begründung geht und somit die freie Wahl der Lebensform als Menschenrecht eingefordert wird. Lehnen die viri probati aus pastoralen Gründen im Gesamtschnitt aller befragten Priester 25 % ab, so sind es bei der liberalen Begründung 45 %. Auch das ist wichtig: Der weitaus kleinere Teil der Priester argumentiert für sich, der erheblich größere für die gläubigen Gemeinden. Das gibt der Position der großen Mehrheit der Priester noch mehr Gewicht.

Und die Frauen?

Priester verfolgen natürlich auch die Frage nach der Zulassung von Frauen zum Priesteramt mit Aufmerksamkeit. Frauenfeindlichkeit kann man den ehelosen Männern nicht nachsagen. Das zeigen auch die Einstellungen zur vorgelegten Aussage: *»Die Frage der Priesterweihe von Frauen ist zwar negativ entschieden, aber ich halte sie theologisch für möglich.«* Diese kirchen- und theologiepolitische Position ist legitim. Sie zeugt vom Respekt für die vom Papst getroffene Entscheidung. Zugleich aber kann, so die Priester, durch eine autoritative Entscheidung die theologische Diskussion nicht für abgeschlossen erklärt werden. Die Suche nach der Wahrheit ist für Priester sichtlich keine Machtfrage. Auch das »nie und nimmer« des Papstes in seiner Argumentation gegen die Ordination von Frauen hindert einen beträchtlichen Teil der Priester nicht am theologischen Weiterdenken. Zu gut haben sie Kirchengeschichte studiert. Sie erinnern sich, dass schon einmal (Syllabus, 1864) ein Papst sagte, dass sich der Pontifex Romanus »nie und nimmer« mit den Freiheitsrechten moderner Kulturen anfreunden werde, am wenigsten mit der Religionsfreiheit. 101 Jahre später hat das Zweite Vatikanische Konzil das berühmte Dokument über die Religionsfreiheit verabschiedet. Also hat, so sagen die theologischen Optimisten und Optimistinnen, ein neuer Countdown begonnen. Ob er wieder 100 Jahre dauern wird? Die Zeiten werden schnelllebiger.

Sechs von zehn Priestern halten die Frauenordination eher für möglich, vier eher nicht. Nur ein Viertel lehnt sie ganz entschieden ab, vier von zehn hingegen stimmen ganz entschieden zu. Hier spielt die Untersuchungsregion eine ganz starke Rolle. Während in Kroatien über die Hälfte die Ordination von Frauen entschieden ablehnt, sind in der Schweizer Region nur 15 % ablehnend.

In dieser Frage scheint es das »römische Ohr« leichter zu haben. Zu unterschiedlich sind allein in unseren – weltkirchlich besehen kleinen – Regionen die Ansichten. Das »römische Ohr« wird auf jene Regionen hinhören, wo es das hört, was entschieden wurde. Wenn es einen Weg zum Priesteramt von Frauen in der katholischen Kirche geben wird, dann wird es ein langer Weg sein. Und jener in den orthodoxen Kirchen wird mit Sicherheit noch länger dauern.

Kann aber dieser Weg nicht ein gutes Stück dadurch abgekürzt werden, dass die Kirche Frauen zu Diakoninnen weiht und so in den Ordo einfügt? Auch dazu haben wir die Priester befragt. Und um die Frage ein wenig auszuweiten, wurde zusätzlich eine Frage zur Zukunft des derzeitigen Diakonats für Männer gestellt.

Das sind die zwei Positionen zum Diakonat, zu denen die Priester in der Umfrage Stellung nehmen sollten: *»Das Diakonat der Männer, wie es jetzt ist, hat Zukunft.«* – *»Ich bin für das Diakonat der Frau.«*

Das Ergebnis ist heiter und entlarvend in einem. Kurz formuliert: Das Diakonat der Männer (wie es jetzt ist) hat kaum Zukunft (nur 29 % sehen eine solche uneingeschränkt). Aber die Frauen sollen es bekommen (46 % dafür). Auch bei der Bewertung dieser zwei Positionen unterscheiden sich die Kirchenregionen ganz beträchtlich. Die Lage ist ähnlich wie bei der Frauenordination.

Nähere Analysen zeigen, dass jene, die dem Diakonat für Männer kaum eine Zukunft geben, aber für die Diakoninnenweihe von Frauen sind, nicht am Diakonat selbst interessiert sind, sondern dieses lediglich zum Schuhlöffel für den Einstieg in die Frauenordination funktionalisieren.

Es wäre ja auch für die Frauen keine komfortable Zukunft, wenn sie für die nächsten hundert Jahre (des countdowns vom »nie und nimmer« zum Dekret »Ordinatio mulierum« des Fünften Vatikanischen Konzils im Jahr 2064) Diakoninnen wären, die geweihten Priestermännern unterstellt wären. Jene patriarchale Unterordnung, der gerade die wachen Christenfrauen zu entrinnen versuchen, wäre dann im Ordo auf Jahrzehnte hin festgeschrieben. Aber wer weiß, vielleicht wären die Frauen auf dem Weg durch die Weihewüste zu solchem Demutsdienst an den kommenden Frauengenerationen bereit.

Wer die einschlägigen Antworten der Priester zu Diakonat und Frauenordination unaufgeregt liest, kann zumindest den Rat ableiten, künftig keine Frauen auf das Diakonat vorzubereiten, sondern mit offener Rede für die Frauenordination zu kämpfen. Es wird schwer sein, nach unserer Studie weiterhin – wie bisher eben – zu lavieren.

Homosexualität

Niemand weiß, wie viele Menschen in unseren Kulturen homosexuell ausgestattet sind. Auch ist sich die Wissenschaft nicht einig, wie Homosexualitäten zustande kommen: genetisch, pränatal, in der Sozialisation oder im Verbund von allen dreien. Auch weiß niemand so recht, wie viele Männer die ehelose Lebensform des Zölibats wählen, weil sie nicht Frauen, sondern Männer lieben.

Kirchenpolitisch stehen – sieht man auf alle christlichen Kirchen – hier mehrere Fragen an. Manche protestantischen Kirchen ringen um homosexuelle Lebensgemeinschaften zwischen Pastoren oder Pastorinnen: mit oder ohne kirchliches Lebensverbunds-Ritual.

In der katholischen Kirche steht die Zulassung zum Priesteramt für Homosexuelle an. Dass faktisch viele ins Amt gelangen, zeigen die vielen Outings der letzten Jahre. Wir haben den Priestern zu dieser sensiblen Thematik den Satz vorgelegt und sie um ihre Meinung dazu gefragt: *»Homosexuelle sollen Priester werden dürfen.«*

Das Ergebnis: Zwei Drittel sind eher dagegen, ein Drittel eher dafür. Die Zustimmung ist regional höchst unterschiedlich. Stimmen beispielsweise in Kroatien nur 14% uneingeschränkt zu, sind es in Westdeutschland 63%, in Österreich 42%, in Ostdeutschland 36%. Die uneingeschränkte Zustimmung finden wir bei 22% aller befragten Priester zusammen genommen.

Natürlich spiegelt sich in diesen Ergebnissen der Diskussionsstand des jeweiligen Landes wider. Dabei fällt auf, dass die nachkommunistischen Regionen offensichtlich restriktiver sind denn die modernen westlichen Länder, allen voran Westdeutschland.

Es könnte durchaus sein, dass in modernen Kulturen, in denen die Ehe eine überaus hohe Akzeptanz hat, die »ehelose Lebensform« gerade homosexuelle Persönlichkeiten anspricht. Daraus ließe sich für die nächste Zeit eher eine Zunahme des Anteils Homosexueller im katholischen Klerus ableiten. Ein Grund für die Öffnung der Wahlmöglichkeit katholischer Priester für die Ehe, um auch ausreichend viele nichthomosexuelle Personen zu gewinnen? Ein solcher Schachzug könnte allerdings auch anders ausgehen: Es könnte sein, dass unter den modernen Bedingungen die Freistellung der Ehe zu einer Art faktischer »Pflichtehe« führt. Das würde verstärken, dass dann unter den nichtverheirateten Priestern noch mehr Homosexuelle wären (und dazu vielleicht solche, die mit ihrer eigenen Sexualität – ganz gleich welcher – Probleme haben). Der Klerus würde sich in Verheiratete und Homosexuelle aufspalten. Es könnte aber ebenso sein, dass auch eine solche Prognose nicht zutrifft, weil vielleicht morgen eher die Homosexuellen heiraten wollen und die Heterosexuellen auf posteheliche Lebensformen setzen könnten. Auch die Priester? Es wäre spannend, die katholische Priesterehe zu einem Zeitpunkt einzuführen, an dem sich die Kultur von der christlichen lebenslangen Einehe verabschiedet.

Kindesmissbrauch

Ein gänzlich anderes, aber nicht minder sensibles Thema ist jenes des sexuellen Missbrauchs von Kindern durch Priester. Dieses Thema plagt zur Zeit viele Diözesen der Weltkirche, zudem auch nicht wenige Ordensgemeinschaften und treibt sie manchmal an den Rand des finanziellen Ruins, der oft ebenso schwer wiegt wie der Verlust des Ansehens in der Kultur.

Die meisten Kirchengebiete haben sich in den letzten Jahren dazu durchgerungen, dem Thema offensiv zu begegnen. Ombudsstellen wurden eingerichtet, Priester, die in den Verdacht des Missbrauchs geraten, werden für die Zeit der Klärung aus dem Amt zurückgezogen.

Es ist fachwissenschaftlich unzulässig zu behaupten, schuld am sexuellen Missbrauch von Kindern durch Priester sei der Zölibat. Es gibt ja leider genug Kindesmissbrauch durch verheiratete Pastoren, verheiratete Pädagogen und Pastoralreferenten, Sportwarte, Trainer. Längst ist klar, dass die Ursache für den Kindesmissbrauch nicht in der Lebensform liegt, sondern in der Nichtintegration der Sexualität in die Persönlichkeit. Dieser Satz ist unumstößlich: Wer seine Sexualität nicht in seine Persönlichkeit integriert hat, ist und bleibt ein pastorales Risiko.

»Priester, die Kinder missbrauchen, sind unverzüglich aus dem Dienst zu entlassen.« – Lediglich 5 % haben sich entschieden gegen diesen Satz ausgesprochen. Zwei Drittel hingegen stimmen uneingeschränkt zu. Für Kinder ist das eine Hoffnung.

Das ersetzt aber nicht eine Priestererziehung, die dem Missbrauch vorbeugt. Ombudsstellen sind gut. Sie sind aber kein Ersatz für eine umfassende Prävention durch eine geeignete Formung der Persönlichkeit der Priesteramtskandidaten.

Grundzufrieden

Zu Allerheiligen 2000 brachte die Süddeutsche Zeitung in ihrem Magazin ein Ranking der Berufsheiligen. Gereiht wurden die Schutzpatrone verschiedener Berufsgruppen danach, wie gut die Heiligen ihre Gruppe »schützen«: »Wie hoch ist das Risiko in bestimmten Berufen zu verunglücken, zu früh zu sterben, krank oder arbeitslos zu werden?« Verglichen wurden Priester, Rechtsanwälte, Buchhalter, Friseure, Maurer sowie Taxifahrer, Chauffeure und Lkw-Fahrer. »Die Gefahr für Priester, an berufsbedingten Risiken zu sterben, liegt mit 40,2% unter dem Durchschnitt. Berufskrankheiten und tödliche Unfälle im Dienst sind nicht bekannt, die Arbeitslosenquote liegt bei 1,4%, der Frührentneranteil bei 8,3%. Qualitätsurteil: SEHR GUT.« Johannes Nepomuk, ein frommer Pfarrer, der zum Märtyrer wurde, weil er sich in Prag mit dem König anlegte, belegt als Schutzheiliger der Priester mit Abstand den besten Platz.

Unsere Studie bestätigt diese Beurteilung und untermauert sie mit reichem Datenmaterial. Verschwindend wenige Priester sagen, dass sie mit ihrer beruflichen Tätigkeit unzufrieden sind. Im Schnitt bezeichnen sie ihre berufliche Lage als gut. Dabei ist die Zufriedenheit in den »westlichen« Kirchengebieten etwas schwächer als jene in den nachkommunistischen Gebieten (Kroatien, Ostdeutschland, Polen).

Zudem: Je länger ein Priester im Dienst ist, umso zufriedener ist er. Erstaunlich ist lediglich, dass die nachwachsenden Priesteramtskandidaten mit steigender Semesterzahl meinen, die Priester seien unzufrieden. Sich selbst sehen also Priester als weitaus zufriedener an, als andere ihnen das zuschreiben.

Das Ausmaß der Zufriedenheit kommt auch darin zum Ausdruck, dass nur verschwindend wenige Priester ganz sicher nicht mehr Priester werden würden, wenn sie sich noch einmal zu entscheiden hätten. Neun von zehn stehen fest hinter ihrer einmal getroffenen Entscheidung zum Priesteramt.

Diese positive Grundstimmung setzt sich bei der Beratung junger Menschen fort. Nur fünf von hundert Priestern würden einem jungen Mann abraten, Priester zu werden. Der Unterschied besteht lediglich in der Frage, ob ein Priester zuwartet, bis ein junger Mensch mit der Frage auf ihn zukommt, oder ob er von sich aus aktiv wird.

Nachdenklich macht, dass die Grundstimmigkeit nach Amtsverständnis verschieden ist. Die Regel ist einfach: Je mehr sich ein Priester dem Modernisierungsstress aussetzt, bzw. je mehr er diesem ausgesetzt ist, desto eher ist die Grundstimmigkeit gefährdet. Sind unter den zeitlosen Klerikern zwei von hundert Priestern überhaupt nicht grundstimmig, sind es unter den zeitgemäßen Gemeindeleitern einundzwanzig. Ins Positive gewendet: Unter zehn zeitlosen Klerikern sind fast acht von zehn sehr grundstimmig. Unter zehn zeitoffenen Gottesmännern hingegen sind es vier. Der Anteil sinkt dann weiter hin zu den

zeitnahen Kirchenmännern auf sechs, um bei den zeitgemäßen Gemeindeleitern deutlich unter vier zu fallen. Der Rückzug in den »Bereich des Heiligen« beim
zeitlosen Kleriker bringt offensichtlich den hohen Zu-
gewinn an fragloser Identität. Anders jene Priester, die
sich der Moderne ausgesetzt erleben bzw. aussetzen.
Bei ihnen ist eine beträchtliche Lockerung der Selbst-
sicherheit zu erleben.

Freilich: Ist für einen Priester, der sein Leben für Jesus Christus investiert, lebensmäßige Zufriedenheit
und Grundstimmigkeit wirklich das oberste erstre-
benswerte Ziel? Kardinal Karl Lehmann, inzwischen
langjähriger Vorsitzender der Deutschen Bischofskonferenz, hat darüber bereits 1974 theologisch meditiert:
Besteht nicht, so schrieb er im Kommentar zur deutschen Priesterstudie von 1971, die »Gefahr, dass sich
ein solcher Priester zu einer sich von seiner Mitwelt
isolierenden Sonderwelt entwickelt, welche die Übereinstimmung mit ihrem Selbstverständnis und ›run-
des Dasein‹ in Selbstzufriedenheit mehr bevorzugt als
die riskante Drangabe und das in seinen Folgen un-
absehbare Ausgesetztsein der eigenen Existenz für
die Nöte und Sorgen der Menschen?«

Solche »riskante Drangabe« braucht aber, so Leh-
mann weiter, eine hohe Berufs- und Lebenskultur.
Denn die Gefahr ist groß, »in der Identifikation mit der
Welt und den Menschen einem konformistischen
Trend zu erliegen und die Eigenart des amtlichen Auf-
trags zu verlieren«.

Kurzum: Je mehr Offenheit ein Priester für die moderne Kultur riskiert, desto stärker muss seine innere

Kraft sein. Zudem braucht es gerade für die Offenen, welche als Boten des Evangeliums in einer dem Evangelium gegenüber zwiespältigen Kultur hohe Belastungen auf sich ziehen, ein höheres Maß angemessener Hilfen. Dann kann er das Risiko der Offenheit ohne Identitätsverlust bestehen.

Grundstimmigkeit hat ein gutes Fundament. Es formt sich aus den Stärken, welche Priester in ihrem Beruf vorfinden. Es sind zudem erlebte Bereicherungen im kirchlichen Leben, die durch zugleich vorhandene Belastungen nicht zerstört werden.

Belastungen

Priester erleben in ihrem Dienst viele Stärken, aber auch Belastungen. Diese entspringen aber nicht nur der Spannung zwischen der Kultur und dem Evangelium, sondern – wie die Studie zeigt – zwischen der konkreten Kirche und der modernen Kultur.

Wie die Stärken in verschiedene Richtungen verweisen, haben auch die erlebten Belastungen recht unterschiedliche Quellen:

Eine erste Hauptquelle von Belastungen sind zeitliche Überforderung und negatives Arbeitsklima. Hierher gehören – neben der beruflichen Überlastung – das Leiden an kirchlichen Missständen (mangelnder Dialog, autoritärer Stil), der Zweifel an Ehelosigkeit und Berufung sowie soziale Isolierung in Arbeit und alltäglichem Leben.

Eine zweite Quelle ist anderer Art: Manche Priester fühlen sich verunsichert – durch schwindenden Glaubensgeist im Volk, durch Lebensschicksale von Menschen sowie durch Veränderungen im kirchlichen Leben und in der Theologie.

Die dritte Quelle ist »Rom«: näherhin manche Stellungnahmen des Papstes zur Ehe- und Sexualmoral und der Mangel an freimütiger Auseinandersetzung über Glaubensfragen.

Diese drei Hauptbelastungen erleben Priester höchst unterschiedlich. Ein Drittel fühlt sich zeitlich und qualitativ überfordert. Vier von zehn klagen über schwindenden Glaubensgeist und in Verbindung damit über Verunsicherungen durch kirchliche Veränderungen. Die stärksten Belastungen allerdings verursacht zur Zeit aus der Sicht der Befragten Priester »Rom«: Vier von zehn fühlen sich dadurch sehr stark belastet, weitere vier immer noch stark. Bleiben nur zwei von zehn, die sich in dieser Hinsicht nicht belastet erleben.

Belastet fühlen sich vorab die zeitgemäßen Gemeindeleiter: insbesondere durch Überforderungen sowie durch »Rom«. Den zeitlosen Klerikern hingegen macht »Rom« weniger zu schaffen – übrigens auch den jüngeren Priestern weniger als den älteren. Am meisten fühlen sich die zwischen 1961 und 1970 Geweihten »römisch« belastet. In dieser Generation war die Hoffnung auf Veränderungen durch das Konzil am stärksten und gibt es zugleich heute die meisten »enttäuschten Konzilsreformer«, die meinen, dass die Perspektiven zwar stimmen, aber die Verwirklichung unbefriedigend ist.

Bereicherungen

Den Belastungen stehen erlebte Bereichungen im kirchlichen Leben gegenüber. Ein Teil der Priester ist vom Amtsstil des Papstes Johannes Paul II. angetan: davon, dass er durch seine Pastoralreisen weltweit präsent ist und seine Autorität in der weltkirchlichen Leitung einsetzt. Die neuen geistlichen Bewegungen sehen sie als einen Teil dieser Bereicherung. Damit verwandte Bereicherungen sind für befragte Priester der Ausbau weltkirchlicher Verantwortung sowie die Stellungnahmen der Kirche zu sozialen Fragen. Es sind allesamt Aspekte, die mit dem Wunsch des Konzils zu tun haben, in der modernen Welt in neuer Weise präsent zu sein – Einlösungen von »Gaudium et spes« also. Die »außenpolitische« Seite der katholischen Weltkirche wird als bereichernd erlebt.

Die anderen Bereicherungen betreffen mehr die Innenarchitektur der Kirche: »Lumen gentium«. Als bereichernd gelten die neue Rolle der Frauen im kirchlichen und seelsorglichen Leben, das ehrenamtliche Engagement von Laien, die ökumenische Ausrichtung der Kirche und die starke gesellschaftliche Präsenz der Caritas.

Priester geben der innerkirchlichen Bereicherung mehr Gewicht als jener in der Weltpräsenz, obgleich auch hier die Werte positiv sind. Die innerkirchliche Bereicherung erleben fünf von sechs Priestern sehr stark und weitere drei stark. Die Bereicherung in der Weltpräsenz hingegen wird von einem Priester unter zehn als sehr stark bewertet. Weitere sechs beurteilen sie als stark.

Priester meinen somit, dass ihre Kirche »außenpolitisch« zur Zeit schwächer ist als »innenpolitisch«. Diese Bewertung der Bereicherungen fällt aber nach Amtstyp wieder deutlich verschieden aus: Während die zeitgemäßen Gemeindeleiter mehr die »innenpolitischen« Errungenschaften schätzen, sind die zeitlosen Kleriker mehr von den »außenpolitischen« Leistungen der Kirche (und des Papstes) beeindruckt. Oder noch einmal anders formuliert: Suchen die Zeitlosen mehr die missionarische Präsenz der Kirche in der Welt, sind die Modernen mehr auf der Suche nach einer moderneren Kirche. Kurzum, die Zeitlosen suchen Weltveränderung durch Neuevangelisierung, die Modernen suchen Kirchenveränderung durch Selbstevangelisierung der Kirche.

Bilanz – Balance

Bereicherungen stärken, Belastungen schwächen. Bereicherungen werden als »Gratifikation« erlebt, Belastungen als »Irritation«. Priester erleben beides zugleich, Belastung und Bereicherung in einem. So ist es zumindest denkmöglich, dass es sich wie bei einer Waage mit zwei Schalen verhält: In der einen Waagschale liegen die Belastungen, in der anderen die Bereicherungen. Damit lässt sich rechnerisch herausarbeiten, auf welche Seite sich die Waage neigt und wie sich das auf die Grundstimmung eines Priesters auswirkt.

Dabei ist nicht ausgeschlossen, dass eine Bereicherung so wirkmächtig ist, dass sie alles überstrahlt und ein positives und damit kreatives Grundgefühl bewirkt. Dasselbe kann auch mit einer Belastung geschehen: Eine kardinale Personalaffäre etwa übertüncht alle vorhandenen Bereicherungen und erzeugt ein negatives und damit eher depressives Grundgefühl beim Priester.

Unbeschadet solcher Unwägbarkeiten haben wir in der Studie **PRIESTER 2000**© Bereicherungen und Belastungen ausbalanciert und eine Bilanz errechnet. Die Bilanz fällt bei den untersuchten Priestern im Schnitt positiv aus. Bereicherungen wiegen die Belastungen auf.

Blickt man allerdings auf Gruppen von Priestern, dann ändert sich das Bild. So nach untersuchten Kirchenregionen: Kroatische oder polnische Priester haben eine weitaus positivere Bilanz als die Priester aus der Schweiz oder aus Westdeutschland. Die Bilanz der zeitlosen Kleriker ist erheblich positiver als jene der zeitgemäßen Gemeindeleiter. Im Lauf der Priesterjahre wird der Bilanzwert zudem kleiner und ist bei den rund um das Konzil Geweihten dem Nullpunkt am nächsten.

Je nach Bilanzwert ist die Grundstimmigkeit eine andere. Priester, die sehr grundstimmig sind, haben einen stark positiven Bilanzwert. Bei jenen, die einfach grundstimmig sind, liegt dieser Wert schon etwas niedriger, ist aber immer noch klar positiv. Diejenigen, die nicht grundstimmig sind, haben einen (leicht) negativen Bilanzwert.

Reformieren und Ertragen

Folgerungen aus solchen Zusammenhängen sind unschwer zu ziehen. Zum einen gehen wir davon aus, dass es keine Kirche ohne Irritationen gibt. Eine irritationslose Kirche wäre das Reich Gottes, und das ist erst für das Ende aller Zeiten vorgesehen. Dann braucht es keine Kirche und keine Priester mehr.

Das entpflichtet die Kirche jedoch nicht, für ihr Schlüsselpersonal irritationsarme Verhältnisse zu schaffen. Eine gute kirchliche »Außenpolitik«, um die Weltpräsenz der Kirche zu verbessern, ist dabei genau so nötig wie eine angemessene »Innenpolitik«. Kirchenreform ist ein Stück Fürsorgepflicht der Kirche für einen Großteil ihrer Priester – und allen Kirchenmitgliedern. Eine Kirche, die anstehende und theologisch mögliche Reformen vernachlässigt oder auch unnötig verlangsamt, macht vor allem den »Weltoffenen« das Leben schwer.

Zugleich braucht der einzelne Priester eine Art Kirchenhygiene, um mit unentrinnbaren Belastungen leben und arbeiten zu können. Manche Priester haben romantische Vorstellungen von einer »Traumkirche«. So wichtig Kirchenvisionen sind: sie können auch zur Quelle der Unerträglichkeit und des Frusts werden. Zudem wären gerade die Reformfreudigen unter den Priestern gut beraten, über effiziente Reformstrategien nachzudenken. Changemanagement verlangt mehr Klugheit und Strategie, als einfach die altbekannten Forderungen gebetsmühlenartig zu wiederholen. So hat das Reformunternehmen des Kirchenvolksbegehrens, das unter den zeitgemäßen Gemeindeleitern wohl hohe Sympathie genießt, zwar die richtigen Themen auf den Kirchentisch reklamiert. Es ist aber nicht nur an der Reformunwilligkeit von Bischöfen gescheitert, sondern ebenso am fahrlässigen Mangel an Reformstrategien. Statt Resolutionen zu verabschieden, sollten sich Reformer von Resolutionen verabschieden. Denn der Weg zur Nichtreform ist mit Resolutionen gepflastert.

Kirchenhygiene brauchen jene Priester, die sich mutig der modernen Kultur aussetzen. Und das sind drei der vier Priestertypen: nämlich die zeitoffenen Gottesmänner, die zeitnahen Kirchenmänner und die zeitgemäßen Gemeindeleiter. Sie müssen lernen, mit jenen Belastungen zu leben, die auch dann bleiben würden, würde sich die Kirche nach ihren Vorstellungen reformieren. Der pastorale Grundkonflikt der unaufhebbaren Spannung zwischen dem Evangelium und nicht evangeliumskonformen Anteilen der modernen Kultur ist ein Dauerschicksal aller Christinnen und Christen und damit auch aller Priester.

Mit diesen unentrinnbaren pastoralen Grundbelastungen lässt sich leben, wenn es starke tragende Kräfte gibt – Hilfen verschiedener Art wie Spiritualität und Vernetzungen. Ebenso wichtig ist es aber auch, die Belastungen aufzuwiegen durch erlebte Bereicherungen. Das Institut für Demoskopie in Allensbach hat sich intensiv mit dem Kirchenaustritt befasst. Austritt wird demnach weniger durch vorhandene Irritationen verursacht, sondern durch den Mangel an Gratifikationen.

Priester, die ihrem Beruf ein solides Fundament geben wollen, werden offene Augen haben für all das, was es an Reichtum in der Kirche gibt und wodurch sie Gottes Geist unentwegt bereichert. Viele Priester haben ein Gespür für diesen »Reichtum der Kirche«: die Kraft der Gemeinden, in denen nach Ansicht der Hälfte der Priester die Kirche heute lebendig ist, das Engagement von Frauen in der Kirche, das drei Viertel der Befragten schätzt. Dazu kommt, unbeschadet aller Rückschläge, das Zusammenspiel der christlichen Kirchen (eine Bereicherung für zwei Drittel der Priester), darüber hinaus aber auch der abrahamitischen Weltreligionen. Nicht zuletzt sind nach Ansicht von drei Vierteln der Priester in unseren Breiten die Kirchen sozial stark: teilweise in den Gemeinden, auf jeden Fall aber in der professionell organisierten Caritas sowie den großen, weltweit wirkenden kirchlichen Hilfswerken. »Ohne die Kirchen wäre das Land kühler und ärmer«: Dieser Satz ist nicht Ausdruck christlicher Überheblichkeit, sondern entspricht vielen empirischen Befunden. Nicht nur das auch gesellschaftlich hochgeschätzte karitative Engagement der christlichen Kirchen ist Grundlage eines solchen Satzes. Im Umkreis des Evangeliums wachsen auch nachweislich Menschen heran, die ein hohes Maß an belastbarer Solidarität besitzen. Die religiöse Elite der Priester ist im Übrigen das herausragende Beispiel dafür, wie das Evangelium zu solidarischer Nächstenliebe frei macht. Denn im Vergleich zur sonstigen akademischen Bevölkerung sind Priester nahezu ausnahmslos hochsolidarische Personen.

Ein Priester, der diese starken Seiten der eigenen Kirche nicht übersieht, mag auch leichter belastende Affären um Personen oder Belastungen durch (vermeintlich) antiquierte Aussagen zur Sexualmoral ertragen. Er wird sich über manches Dokument aus Kongregationen ärgern. Aber all das wird sein positives Grundgefühl für jene Kirche, in der er seinen Dienst versieht, nicht so weit beschädigen, dass er nicht mehr arbeitsfähig ist. Vielleicht verleiht ihm die Wertschätzung vielfältiger »Kirchenreichtümer« die Kraft, ein »Kirchenliebhaber« zu sein oder wieder zu werden. Es wäre für Priester gut, mit jener Kirche versöhnt zu sein, in der sie ihren Dienst ausüben. Es wäre umgekehrt für die Priester gut, würden die Verantwortlichen in der Kirche Verhältnisse schaffen, die Priestern die Grundloyalität nicht allzu schwer macht.

Ein Priesterspiegel

Unsere moderne Pädagogik ist immer noch darauf spezialisiert, Schwächen zu bearbeiten. Wer in der Schule in Mathematik schlecht ist, trainiert so lange Mathematik, bis sie oder er auch in den Sprachen schwach ist. Klüger, so zeitgenössische Menschentrainer, ist es, seine Stärken zu erkennen und zu entwickeln.

Oft ist der, der anders ist, für mich unheimlich. Sein Anderssein bedroht. Wir schließen uns mit Gleichgesinnten in Lagern zusammen. Die Belagerung kann beginnen. Dann kämpfen in der Kirche Progressive gegen Konservative, Initiativkreise gegen »Wir sind Kirche«, Pfarrfans gegen die geistlich Bewegten. Nahe liegt das gleiche Spiel unter Priestern. Zeitgemäße Gemeindeleiter bekriegen die zeitlosen Kleriker und umgekehrt. Mit Energie und Wonne.

Es ginge auch anders. Das Fremde, das Andere, könnte ja etwas in sich tragen, was mir fehlt. Näher: Was ich auch in mir habe, aber abspalte, statt es zu integrieren. Der andere wird so zu einem Symbol für das Fremde in mir. Das könnte aber den Anderen, den Fremden zu meinem besten Entwicklungshelfer machen. Wenn ich meine Entwicklung will, gehe ich bei den anderen in die Schule.

Darum geht es im folgenden Priesterspiegel. Die eigenen Stärken werden aufgespürt. Ermutigung wird gegeben, bei den »anderen« Amtstypen in die Schule zu gehen.

Zeitloser Kleriker

Ich sehe bei mir Stärken

Ich verstehe mich als Priester Jesu Christi. Er hat das priesterliche Amt eingesetzt und mich durch die Weihe in seinen Dienst gestellt. Christus diene ich mit ungeteiltem Herzen und ganzem Einsatz; der Dienst ist mir Lebenserfüllung. Wenn ein Priester gebraucht wird, bin ich jederzeit ansprechbar.

Die moderne Lebenskultur hat mehr Schwächen als Vorteile. Ich halte mich daher von allem fern, was mir fremd ist, und ich schütze auch die Kirche in meinem Bereich davor. Eine weitere Öffnung der Kirche in die gottlose westliche Kultur sehe ich sehr skeptisch und lehne ich ab.

Das Zweite Vatikanische Konzil hat (im Zuge der Umsetzung) die Kirche zu sehr verweltlicht. Ich fühle mich dafür verantwortlich, dass der Zeitgeist die gewachsene kirchliche Ordnung nicht aufweicht, die Unterschiede zwischen Priestern und Laien sowie zwischen den Konfessionen deutlich bleiben und die ganze Wahrheit unverfälscht weitergegeben wird.

Eucharistiefeier und Verkündigung sind für mich die wichtigsten priesterlichen Tätigkeiten. Ich möchte möglichst viele Menschen gewinnen, das Angebot Gottes anzunehmen, und bin davon überzeugt, dass diese zentralen Aufgaben der Kirche nur ein Priester wahrnehmen kann. Eine Beteiligung von Laien geht hier nicht.

Das Bild vom guten Hirten umschreibt mein Priesterideal gut. Mir ist es wichtig, Menschen zu Gott zu führen und ihnen Wegweisung zu geben, damit sie nicht in die Irre laufen. Ich bin stark daran interessiert, dass die Menschen wieder mehr Glaubenswissen lernen, weil die Erfahrung allein nicht trägt.

Ich bin kirchlich sehr loyal. Vor allem den Heiligen Vater verteidige ich und schütze ihn vor kritischen Angriffen auch bei meinen Mitbrüdern.

Es gibt für mein priesterliches Leben gute Ordnungen, die mich tragen und die ich schätze: Das gilt für mein spirituelles Leben genauso wie für meine Ehelosigkeit.

Ein Priester muss jederzeit in der Öffentlichkeit erkennbar sein. Aus diesem Grund lege ich großen Wert auf klerikale Kleidung.

Ich lerne bei anderen fragen

Was sind die guten Seiten der modernen Kultur? Von welchen profitiere auch ich und mache sie mir gerne zunutze?

Was wäre die Kirche ohne die Laien, ohne all die engagierten Frauen und Männer, die ihr Charisma und ihre Berufung einbringen? Wie kann ich lernen, das gemeinsame Priestertum zu schätzen und mit den Laien konstruktiv zusammenzuarbeiten?

Stütze ich mich in meinem Leben zu sehr auf Ordnungen, die mich entlasten, und kommen dabei die

Freiheit und Kreativität zu kurz? Würde es mich in Bewegung bringen, das Unvorhergesehene, Lebendige und das Ungestüme aus meinem Leben zumindest nicht auszuschließen? Was ängstigt und bedroht mich an der Vielfalt? Was macht mich intolerant?

Wie kann ich auf dem Boden meiner unbedingten Loyalität mit Kirchenleitung und Papst auch Schwächen meiner Kirche sehen, zulassen und abbauen lernen?

Die Geschichte Gottes mit seinem Volk ist Heilsgeschichte. Jesus kam in die Zeit und wurde zeitlich. Was an meinem Amt und der Kirche ist geschichtlich und von daher Veränderungen unterworfen? Wie stehe ich dazu, dass die Kirche im Anspruch steht, »semper reformanda« zu sein, um ihrem Auftrag in die jeweilige Zeit hinein gerecht zu werden und die Botschaft Gottes den Menschen nahe zu bringen?

Kann ich meine Spiritualität so formen, dass sie mich nicht nur vor Gott hinführt, sondern mit Gott zu den Menschen? Vor allem zu denjenigen unter ihnen, die sich mit ihrem Leben schwer tun? Wie finde ich eine gute Balance zwischen Gottes- und Nächstenliebe?

Zeitoffener Gottesmann

Ich sehe bei mir Stärken

Ich lebe als Priester an der Schnittstelle zwischen Tradition und Situation, Evangelium und Kultur und zwischen dem kirchlichen Auftrag und den Erwartungen der Menschen. Meine Stärke ist es, diesen »pastoralen

Grundkonflikt« auszuhalten und ein Brückenbauer zu sein.

Die Öffnung der Kirche zur Welt, die durch das Zweite Vatikanische Konzil ermöglicht wurde, befürworte ich sehr. Ich betrachte es als meine Aufgabe, mich der Welt zuzuwenden, die Zeichen der Zeit zu erkennen und zu deuten und an ihnen die Verkündigung des Evangeliums zu formen.

Ich verstehe mich als Anwalt der Schwachen und Bedrängten. Es ist eine Stärke meines priesterlichen Dienstes, mich zu Missständen in Kirche und Gesellschaft äußern zu können und für eine Veränderung zum Guten einzusetzen.

Menschen an den für sie wichtigen Lebensübergängen zu begleiten, ist mir ein großes Anliegen. Ich mag ihre Freude und Hoffnung, Trauer und Angst in allen Lebensabschnitten teilen. Dafür investiere ich viel Zeit.

Der Pfarrgemeinderat ist ein wichtiges Beratungsgremium für mich. Er soll in Fragen, die das Wohl der Gemeinde betreffen, Entscheidungskompetenz haben. Es gibt jedoch Bereiche, in die ich mir – aufgrund meiner amtlichen Leitungsfunktion – nicht hineinreden lasse.

Ich betrachte mich als Mann des Friedens und der Versöhnung. Ich bin bereit, bei Konflikten in der Gemeinde bzw. an meinem »Arbeitsplatz« schlichtend tätig zu werden und verstehe mich in gewisser Weise als amtlicher Mediator.

Ich stehe gerne in der Öffentlichkeit und mag Verantwortung für eine Gemeinschaft übernehmen. Es macht mir Freude, dass ich – trotz aller Verpflichtungen – in meiner Arbeit weithin frei bestimmen kann, wo und wie ich meine Schwerpunkte setze.

Die Ergebnisse der historisch-kritischen Exegese – auch in Bezug auf die Entwicklung des priesterlichen Amtes – bestärken mich in meiner Überzeugung, dass sich der Priesterberuf in der Balance zwischen gemeinsamem und amtlichem Priestertum in guter Weise weiterentwickeln wird.

Ich lerne bei anderen fragen

Wie widerstehe ich der Versuchung (des Alltags), dem »Kreuz« und der Spannung zwischen Kultur und Evangelium auszuweichen und mich auf eine Seite zu schlagen oder auf eine Position zurückzuziehen?

Was gibt mir Kraft, die Komplexität meines Amtes auszuhalten und nicht einer zu werden, der vereinfacht und sich für die schnellen und glatten Lösungen – zu Ungunsten der Vielfalt – entscheidet?

Vergrabe ich mich – vor allem in meiner Freizeit – eher in Bücher und das Studium theologischer Literatur, als das Gespräch, den Ausgleich und den Austausch mit anderen zu suchen: mit Berufskollegen, in einem Freundeskreis außerhalb meines Arbeitsbereiches, durch Pflege von Beziehungen und anderen Interessen? Wie steht es mit meiner Fähigkeit zur Rollendistanz?

Reichen meine spirituellen und menschlichen Hilfen aus, mein Engagement als Gottesmann auf einem beständig hohen Level zu halten? Wo finde ich neue und bisher für mich unerschlossene Quellen?

Das schnelle Machtwort ist mir manchmal näher als der oft mühsame Dialog auf dem Weg zu einer Entscheidung. Die Einzelarbeit liegt mir mehr als Vorbereitungen im Team. Schätze ich den Eigenwert des Dialogs genügend? Wie kann ich mehr Geduld für die behutsame Entwicklung der Menschen bekommen, die sich in der Pfarrgemeinde oder in meinem Arbeitsbereich engagieren bzw. mit mir zusammenarbeiten?

Sehe ich die vielen Möglichkeiten, im Dekanat oder mit den Kollegen und Kolleginnen aus den Nachbargemeinden Netzwerke zu gründen und so den pastoralen Grundkonflikt besser zu bestehen und leichter zu bewältigen?

Zeitnaher Kirchenmann

Ich sehe bei mir Stärken

Die Berufung zum priesterlichen Dienst und die Priesterweihe haben für mich einen hohen Stellenwert. Ob und wie sich das Amt entwickelt, ist dabei sekundär, weil ich Christus repräsentiere, der das Priesteramt eingesetzt hat.

Das Zweite Vatikanische Konzil hat ein Kirchenbild auf den Weg gebracht, das ich von den Perspektiven auf Zukunft hin für tragfähig halte. In der Rezeption der Beschlüsse wünsche ich mir allerdings noch mehr Konsequenz und Nachhaltigkeit vor allem von Seiten der römischen Zentrale.

Wenn es um offizielle Standpunkte der Kirche geht, die ich persönlich nicht teile, vertrete ich sie nicht, sondern gebe klar meine eigene Position zu erkennen.

Ich habe ein gutes Gespür für die Realitäten und ideologisiere meine Ideale nicht. Pragmatische Lösungen sind mir lieber als tief schürfende Reflexionen. Meine Grundhaltung lässt sich mit Pluralitätstoleranz beschreiben.

Die Mitarbeit der Laien und die Zusammenarbeit mit ihnen schätze ich. Vor allem im Bereich der Verwaltung der Pfarrgemeinde und der Verwendung der Finanzen sollte der Pfarrgemeinderat eine weitaus stärkere Mitsprachemöglichkeit bekommen. Ein Vetorecht des Pfarrers im Pfarrgemeinderat ist auf der Grundlage eines stimmigen Dialogs für mich nicht nötig.

Berufung muss zum professionell ausgeübten Beruf werden. Personal- und Organisationsentwicklung in der Kirche halte ich für notwendig. Für Leitungskompetenz, Gesprächsführung, effiziente Verwaltung und Teamentwicklung muss noch wesentlich mehr investiert werden. Kirche muss sich auch in der Öffentlichkeit von ihrer besten Seite darstellen.

Mir sind als Priester auch mein Privatleben und meine Freizeit wichtig. Ich achte auf meinen freien Tag und kann »leben und leben lassen«. Das verschafft mir gesunde Distanz und Gelassenheit.

Die Pfarrgemeinde hat bei mir keine ausdrückliche Sonderstellung. Ich sehe mich eher als Kirchen- denn als Gemeindemitglied. Das gibt mir ein freieres und unabhängigeres Gefühl.

Fühle ich bisweilen die Sehnsucht in mir nach dem Feuer des Anfangs meiner Berufung, das durchaus noch glost, an das ich aber nicht immer den frischen Wind des Evangeliums heranlasse? Was würde ich riskieren, wenn ich mich dazu ermutigen ließe?

Neige ich zu einem zu sehr geregelten und überschaubaren Arbeitsalltag und entwickle mich auf diese Weise zu einer Art »Kirchenbeamten«, der eher treu verwaltet als kraftvoll gestaltet?

Kenne ich Situationen, in denen meine offene und tolerante Haltung in Gleichgültigkeit umkippt? Wen oder was lasse ich damit ins Leere laufen?

Was könnte mich bewegen, mehr Wertschätzung für Vernetzungen und für die gemeindliche Form der Kirche zu entwickeln? Warum bedeutet es mir so wenig, dass mein priesterlicher Dienst ein Dienst an der Einheit ist? Was könnte ich in dieser Hinsicht vom zeitgemäßen Gemeindeleiter lernen?

Bin ich – vor allem im Konfliktfall – davon gefährdet, allen Schwierigkeiten tendenziell aus dem Weg zu gehen, mich rauszuhalten, wo es im Ringen um Zuständigkeiten und Positionen kritisch wird, und den Weg des leichteren Widerstands zu wählen? Was könnte ich tun, um angreifbarer zu werden, um mich mehr zu riskieren und deutlicher zu positionieren?

Mangelt es mir manchmal an spiritueller Kraft, um Spannungen vor allem zwischen dem Evangelium und der modernen Lebenskultur durchzuhalten? Habe ich genügend geistliche Tankstellen, die ich zu gegebener Zeit nutze?

Zeitgemäßer Gemeindeleiter

Ich sehe bei mir Stärken

Die Verantwortung für das Leben und Wirken der Kirche liegt zunächst bei allen Getauften in gleicher Weise: Priester und Laien gemeinsam. Jede/r Getaufte ist Repräsentant Christi. Ich verstehe mein Amt als Charisma unter anderen und erlebe mich in der Gemeinde als Bruder unter Brüdern und Schwestern.

Ich wünsche mir eine Kirche, die aus dem Evangelium lebt, aber die zugleich eine weltoffene und moderne Kirche ist, weil sie sonst in der modernen Kultur nicht ankommt. Das Konzil hat der Kirche diesen Weg zwar gewiesen, doch gibt es in den letzten Jahrzehnten mehr Rückschritt als Fortschritt, weil sich die verantwortliche Leitung gegen die notwendige Modernisierung der Kirche sperrt.

Die Wertschätzung des/der Einzelnen ist mir ein großes Anliegen. Entscheidungen, die Menschen treffen, sollen kirchlich auch akzeptiert werden. Das bezieht sich sowohl auf die Möglichkeit, wiederverheiratet Geschiedenen die volle sakramentale Gemeinschaft zu eröffnen, als auch auf die Lebensform der Priester. Ich trete dafür ein, dass es Priestern möglich sein soll, ihr Amt verheiratet auszuüben.

Die Zulassung der Frauen zum Priesteramt halte ich theologisch für möglich und pastoral für wünschenswert. Ein erster wichtiger und richtiger Durchgangsschritt dorthin ist die Diakonatsweihe von Frauen.

Ganz wichtig ist mir, nahe bei den Menschen zu sein. Einzelseelsorge und seelsorgliches Gespräch haben in meiner Arbeit einen hohen Stellenwert. Außerdem kümmere ich mich um den Ausbau der gemeindlichen Diakonie. Diese ist mir zumindest ebenso wichtig wie die Feier von Gottesdiensten.

Der Pfarrgemeinderat ist ein Gremium, dem ich bei der inhaltlichen Schwerpunktsetzung für die Pastoral der Gemeinde große Verantwortung und Gestaltungsmöglichkeit einräume. Ich bin daran interessiert, dass die rechtlichen Möglichkeiten zur Mitbestimmung für Laien verbessert werden.

Ich habe eine hohe Sympathie für die moderne Kultur und das heutige Leben. Ich fühle mich als Mensch der Moderne und lehne es ab, als Priester in der Öffentlichkeit auf den ersten Blick erkennbar zu sein.

Meine Spiritualität ereignet sich primär in meinem pastoralen Dienst an und in der Gemeinde. Mit den alten Formen kann ich wenig anfangen.

Ich lerne bei anderen fragen

Setze ich mich hinreichend mit den Schwächen der modernen Kultur auseinander? Sehe ich, dass die Kritik der Kirche und des Papstes an Missständen des modernen Lebens auch in Europa berechtigt ist?

Was kann ich tun, auch volkskirchliche »Versorgungserwartungen« grundlegend wertzuschätzen und ihnen mit ungeteiltem Herzen nachzukommen? Gelingt es mir, diejenigen Menschen, die sich nicht in der Gemeinde engagieren wollen, in Freiheit sein zu lassen und ihnen keine unguten Gefühle aufzulasten?

Wäre es bei meinem Freiheitsanspruch hilfreich, mich in einigen Bereichen durch freiheitliche Ordnungen (Institutionen, Regeln, Verbindlichkeiten, Gruppen) zu entlasten? Was könnte ich tun, um mehr Loyalität mit der ganz konkreten Kirche zu entwickeln bzw. mich damit leichter zu tun?

Hindert mich mein Pathos der »Geschwisterlichkeit« daran, meine priesterliche Leitungsverantwortung als geistliches Amt wahrzunehmen und bei Konflikten für klare Entscheidungen und Regelungen zu sorgen?

Halte ich es spirituell aus, im seelsorglichen Alltag meistens zu experimentieren und mich wenig auf schützende Vorgaben und Ordnungen zu verlassen? Reichen meine spirituellen Ressourcen tief genug? Habe ich Kraft genug, das Evangelium auch für mich als Salz und Sauerteig zu erfahren und mich ihm auszusetzen?

Schätze ich die Freiheit, die sich in der ehelosen Lebensform verbirgt? Setze ich ehelos mit beziehungslos gleich und sehe ich nur die Nachteile des Zölibats?

Nachwort

Ein Hauptertrag der Studie **PRIESTER 2000**© ist die
bunte Vielfalt von Amtsverständnissen. Und dass erst
die vier Haupttypen zusammen das eine Presbyterium
einer Diözese ergeben.

Zudem hat jeder dieser vier Typen Stärken, die er
in das ganze Presbyterium und in das kirchliche Leben
einbringt. Diese Stärken tragen aber stets die Gefährdung in sich, einseitig zu werden. Schon deshalb
braucht es die »anderen«, um die Vielfalt zu garantie-
ren und vor den Gefährdungen gefeit zu sein. Jeder
muss bei den anderen in die Schule gehen. Die Studie
wird so zu einem Plädoyer für kluge Personalentwicklung: allein und in Gruppen. Jeder Priester sollte einen
Priester anderen Typs zum Lernfreund und eine Lern-
gruppe haben.

Klar ist auch, dass Weihe und Können, Zuständig-
keit und Kompetenz nicht voneinander getrennt werden dürfen. Das eine ohne das andere wird immer zur
Karikatur: hier der geweihte Pastoralschädling, dort
der spirituell ertraglose Pastoralmanager.

Ganz sicher bleibt, bei allem Einklagen von Können
und Kompetenz, dass eine Zeit der (zeitoffenen) »Gottesmänner« kommen wird. Die derzeitige Moderne, vor
allem in den Großstädten, ist in hohem Maß spirituali-
tätsproduktiv. Eine religiöse Suche mit neuer Qualität
geht durch das Land. Was die Menschen damit suchen,

kann in Bildern geahnt werden: im Bild vom offenen Himmel, von Spuren der Engel, von der Begegnung mit dem Heiligen. Dafür brauchen Priester hohe spirituelle Kompetenz. Diese haben sie aber nur dann, wenn sie selbst mit dem Heiligen vertraut sind.

Mag dann zutreffen, dass »die Jungen müde werden und matt, junge Männer stolpern und stürzen. Die aber, die dem Herrn vertrauen, schöpfen neue Kraft, sie bekommen Flügel wie Adler. Sie laufen und werden nicht müde, sie gehen und werden nicht matt« (Jes 40,30f.).

Autorin und Autor

Anna Hennersperger, geboren 1955. Studien der Religionspädagogik und der Katholischen Theologie, derzeit Doktoratsstudium. Pastoralreferentin in der Diözese Passau, dort seit über zehn Jahren in der Gemeindeberatung und Organisationsentwicklung tätig. Mitwirkung an der Pastoralen Entwicklung Passau (PEP).

Paul M. Zulehner, geboren 1939. Dr. phil., Dr. theol., Studien der Philosophie und Religionssoziologie. Priesterweihe 1964. Seit 1984 auf dem Lehrstuhl für Pastoraltheologie in Wien.

Die gesamten Forschungsergebnisse sind veröffentlicht in:

Paul M. Zulehner, Priester im Modernisierungsstress. Forschungsbericht der Studie **Priester 2000©**, Schwabenverlag 2001. ISBN 3-7966-1042-0.